eText Activities
This icon indicates that a version of the activity is available in MySpanishLab. eText activities are automatically graded and provide detailed feedback on incorrect answers.

 Video
This icon indicates that a video segment is available for the *Voces hispanas* video that accompanies the *Charlemos* program. The video is available on DVD and in MySpanishLab.

 Text Audio Program
This icon indicates that recorded material to accompany *Charlemos* is available online. In addition, audio for all *Enfoque fonético* sections are available in MySpanishLab.

 Pair Activity
This icon indicates that the activity is designed to be done by students working in pairs.

 Group Activity
This icon indicates that the activity is designed to be done by students working in small groups or as a whole class.

 Web
This icon indicates that the activity involves use of the Internet.

 Grammar Tutorial
This icon located in the *Enfoque gramatical* sections, reminds students that interactive grammar explanations with audio are available for review in MySpanishLab.

CHARLEMOS
CONVERSACIONES PRÁCTICAS

Jorge H. Cubillos
University of Delaware

PEARSON

Boston   Columbus   Indianapolis   New York   San Francisco   Upper Saddle River
Amsterdam   Cape Town   Dubai   London   Madrid   Milan   Munich   Paris   Montréal   Toronto
Delhi   Mexico City   São Paulo   Sydney   Hong Kong   Seoul   Singapore   Taipei   Tokyo

Sponsoring Editor: María F. Garcia
Senior Acquisitions Editor: Tiziana Aime
Senior Digital Product Manager: Samantha Alducin
Development Editor: Scott Gravina
Director of Program Management: Lisa Iarkowski
Team Lead Program Management: Amber Mackey
Program Manager: Annemarie Franklin
Team Lead Project Manager: Melissa Feimer
Media Coordinator: Regina Rivera
Project Manager: Marlene Gassler

Project Manager: Melissa Sacco, Lumina Datamatics, Inc.
Front Cover Design: Bruce Kenselaar
Cover Image: © cienpiesnf/Fotolia
Senior Art Director: Kathryn Foot
Operations Manager: Mary Fischer
Operations Specialist: Roy Pickering
Editorial Assistant: Nathalie Murray
Editor in Chief: Bob Hemmer
Marketing Director: Steve Debow
World Languages Consultants: Yesha Brill, Mellissa Yokell

This book was set in 9.5/11.5 Janson Text LT Std

Credits and acknowledgments borrowed from other sources and reproduced, with permission, in this textbook appear on pages 191–192.

Library of Congress Cataloging-in-Publication Data

Cubillos, Jorge H.
  Charlemos / Jorge Cubillos.
      pages cm
  Includes index.
  ISBN 978-0-205-20317-8 (student edition) — ISBN 0-205-20317-5 (student edition)
  1. Spanish language—Textbooks for foreign speakers—English. 2. Spanish language—Grammar. I. Title.
  PC4129.E5C825 2014
  468.2'4—dc23
                                        2014008959

10 9 8 7 6 5 4 3 2 1

Student Edition ISBN - 10:   0-205-20317-5
Student Edition ISBN - 13:   978-0-205-20317-8

Brief Contents

Scope & Sequence

Charlemos: Conversaciones prácticas is a technology-rich, visually engaging Spanish conversation program designed to help students reach the Intermediate-High level of oral proficiency as defined by the American Council on the Teaching of Foreign Languages (ACTFL). This one-semester program seeks to create relevant and meaningful contexts for the analysis and use of Spanish by students seeking to consolidate their speaking skills, and it is ideally suited for those who are preparing for high-stakes standardized assessments such as the Oral Proficiency Interview (OPI).

By the end of this course, students will be able to:

- *SPEAK* the language well-enough to communicate with native speakers of Spanish when performing a variety of daily tasks (such as making descriptions, providing background information, explaining a process, or supporting opinions), with grammatical accuracy, appropriate vocabulary, and extended discourse.

- *LISTEN TO AND COMPREHEND* the language well-enough to understand the main ideas and most details of telephonic, tape-recorded, videotaped, and/or face-to-face interactions.

- *READ AND COMPREHEND* the main ideas and most details of a variety of text types.

- *UNDERSTAND AND USE* appropriate cultural behavior in social and professional situations.

Chapter Organization

1. **Enfoque léxico.** Each chapter begins with a series of vocabulary tasks aimed at activating familiar vocabulary and extending it as required by the communicative function targeted in the chapter.

2. **Temas de discusión.** After the vocabulary activation tasks, a short reading is introduced to generate discussion and provide cultural context for the chapter.

3. **Voces hispanas, Análisis del discurso, and Estrategia comunicativa.** Following the short reading, students are guided in the exploration of relevant authentic models of the linguistic function at hand. Video tasks will target both content and discourse features in order to develop both listening and oral skills.

4. **Enfoque gramatical.** Once the video models have been explored for content and structure, relevant grammar points will be identified and practiced. **Note:** Additional grammar tasks will be available through *MySpanishLab*.

5. **Enfoque fonético.** Following grammar, students will find a pronunciation section devoted to one (or more) of the phonetic challenges experienced by learners at this proficiency level.

6. **Enfoque cultural.** Authentic readings will provide important cultural perspectives and stimulate discussion and argumentation.

7. **¡Exprésate!** At the end of each chapter, students will be guided through the completion of an audio-visual extension task, where they will be able to demonstrate mastery of the skills explored in the chapter. By the end of the course, students will have a collection of entries that will directly document their ability to conduct the different functions required of Intermediate-high level learners (a multi-media artifact can be used as additional evidence of achievement, particularly in schools using alternative forms of assessment).

The content and organization of *Charlemos* is inspired by ACTFL's definition of the Intermediate-High level of oral proficiency. *Charlemos* follows a functional approach to oral-skill development, and it provides rich authentic input to enhance interpretive skills and to heighten students' linguistic awareness. Through abundant meaningful group and pair activities, learners will be encouraged to practice key linguistic functions with the accuracy and discourse-level expected of students transitioning towards the Advanced-level of proficiency.

Program Components

For Students

In addition to traditional printed text, *Charlemos* is available in the following formats to offer students more choices and more ways to save.

- **Student Text (ISBN 10: 0-205-203175)**
  The *Charlemos* Student Text supports an extensive array of interactive tasks, designed to promote authentic language use inside and outside the classroom.

- **CourseSmart eTextbook (ISBN 10: 0-205-20316-7)** offers the same content as the paperback text in a convenient online format with highlighting, online search, and printing capabilities. Visit www.coursesmart.com.

- **MySpanishLab® with eText (one-semester access ISBN 10: 0-205-20381-7)**
  MySpanishLab is an online homework, tutorial, and assessment product designed to improve results by helping students quickly master concepts, and by providing educators with a robust set of tools for easily gauging and addressing the performance of individuals and classrooms.

- **Video on DVD (ISBN 10: 0-205-20319-1)**
  The video to accompany the Student Text contains non-scripted video segments for the **Voces hispanas** activities identified by a video icon within the chapters.

For Instructors

Instructor's Resource Manual (Download Only)
The **Instructor's Resource Manual** contains an introduction to the text, textbook answer keys, and video scripts. The **Instructor's Resource Manual** is available to instructors online at the *Charlemos* web site under "Resources" and in MySpanishLab.

Companion Website (www.pearsonhighered.com/charlemos)
Organized in chapters that correspond to those in the text, provides access to text audio program.

Acknowledgments

I would like to thank my colleague Dr. Ásima Saad Maura and all the reviewers that participated in this project for their helpful input and recommendations. Also, my sincere thanks to Ms. Elena Alcalde-Peñalver for her invaluable input and feedback based on classroom testing of these materials. Finally, I would like to acknowledge the contributions of three graduate Teaching Assistants in the MA program in Foreign Language Pedagogy at the University of Delaware: Ms. Elisa Téllez Pérez, Mr. José Luis Guidet Sánchez, and Mr. Miguel Ángel Matos Maldonado. Their creativity and insights were extremely helpful in development of the original manuscript of *Charlemos* (in particular, the "*Un paso más*" grammar sections).

In addition, the author would especially like to acknowledge and thank:

Carlos Andrés, *California State University, Stanislaus*
Vania Barraza, *University of Memphis*
Elizabeth C. Bruno, *University of North Carolina at Chapel Hill*
Adriano Duque, *Villanova University*
Martha García, *University of Central Florida*
Mónica Marcos-Llinás, *University of Missouri*
Carlos F. Martínez-Davis, *New York University*
Jason Meyler, *Marquette University*
Cristina Pardo Ballester, *Iowa State University*
Ester Suárez-Felipe, *University of Wisconsin-Milwaukee*

Prefacio para el estudiante

Antes de empezar

Charlemos ha sido diseñado para ayudarte a iniciar la transición del nivel intermedio al avanzado de competencia comunicativa en español. Según ACTFL (**The American Council on the Teaching of Foreign Languages**), los estudiantes que llegan a este nivel exhiben las siguientes características lingüísticas:

- Participan activamente en conversaciones informales sobre temas relacionados con la vida diaria y sobre temas de interés personal.
- Narran y describen en el presente, el pasado y el futuro.
- Pueden manejar adecuadamente complicaciones (o situaciones inesperadas) en el curso de conversaciones comunes.
- Usan adecuadamente estrategias comunicativas tales como la paráfrasis cuando encuentran desafíos léxicos o gramaticales.
- Usan una elaboración discursiva a nivel de párrafo, con frases adecuadamente estructuradas y coordinadas.
- Tienen un control adecuado de la pronunciación y la gramática que les permite ser entendidos por cualquier hispanohablante.

Los diferentes capítulos de *Charlemos* te van a ayudar a adquirir y/o practicar estas habilidades de la siguiente manera:

1. **Temática variada.** Cada capítulo tratará diferentes situaciones y contextos de la vida diaria que te ayudarán a activar (o ampliar) tu vocabulario.
2. **Análisis de modelos.** Verás y escucharás a hablantes nativos que te ayudaran a mejorar tu comprensión oral y usarás los modelos para perfeccionar tu comunicación.
3. **Abundante práctica comunicativa en la clase.** En *Charlemos* encontrarás muchas oportunidades para hablar y practicar con tus compañeros de curso. Todas las actividades se han diseñado para estimularte a participar activamente en conversaciones, a resolver desafíos comunicativos inesperados, a practicar estrategias de comunicación y, en general, a manejar un discurso amplio y coherente.
4. **Enfoque gramatical y fonológico.** *Charlemos* también te dará la oportunidad de practicar y mejorar tu gramática y tu pronunciación a través de actividades dentro y fuera de la clase.

Para finalizar

Ten en cuenta que tu progreso dependerá del tiempo que dediques a afianzar tus habilidades comunicativas tanto dentro como **fuera de la clase**. Es por esto que se te recomienda que:

1. Amplíes tu vocabulario, gramática y comprensión leyendo y escuchando material en español (además de literatura, trata de leer revistas, de visitar sitios web en español, de escuchar música y también de ver películas o televisión hispana).
2. Establezcas contacto frecuente con hispanohablantes, ya sea en persona (con estudiantes de origen hispano en tu universidad) o de manera virtual a través de Internet.
3. Pases tiempo en un país de habla hispana (bien sea con un programa de estudios en el extranjero o simplemente como turista). Lo importante es que tengas la oportunidad de vivir e interactuar con la comunidad hispana, y de aprender acerca de su cultura y sus costumbres.

¡Buena suerte!

Jorge H. Cubillos

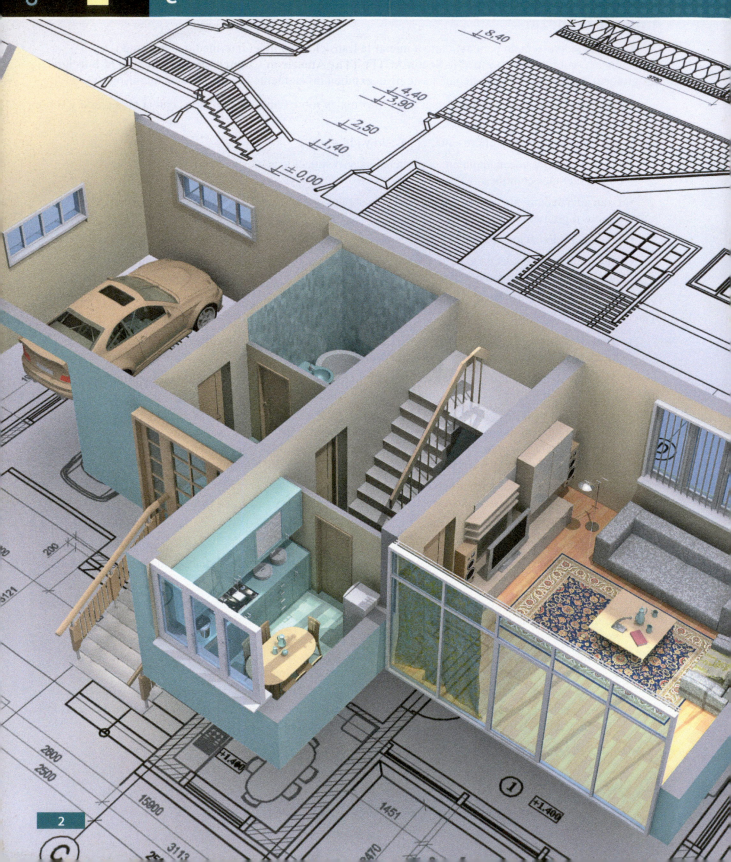

OBJETIVOS COMUNICATIVOS

En este capítulo podrás

- describir en detalle tu casa o dormitorio.
- pronunciar apropiadamente las vocales españolas.
- comentar sobre la organización del espacio personal desde diferentes perspectivas.

CONTENIDO

1-1 Lluvia de ideas. Trabajen en parejas y en dos minutos hagan una lista de todos los muebles (o elementos decorativos) que asocian con los siguientes espacios.

Sala (o salón, en España)

Cocina

Baño

Dormitorio

1-2 **Dos habitaciones muy diferentes.** Completa las siguientes descripciones usando palabras de la lista y luego compara tus respuestas con las de un/a compañero/a.

bocinas	cama individual	escritorio	horno	mesita de centro
nevera	pintura	sillas	sofá	

1. Este es un dormitorio universitario. Es pequeño, pero tiene todo lo necesario. A la izquierda vemos una _____, en el centro hay una _____ grande con varios trofeos, y a la derecha hay un _____. En el piso vemos una _____ para la ropa sucia, una mochila y algunos aparatos eléctricos como un televisor pequeño y unas _____. Juzgando por la decoración y los objetos que este muchacho tiene en su dormitorio, es evidente que le encanta la música y el fútbol.

2. Esta es una sala contemporánea, decorada de manera ecléctica con elementos modernos y tradicionales. A la derecha hay un _____ de cuero azul y a la izquierda hay dos _____ auxiliares de color crema. Sobre la _____ hay un florero azul muy interesante. En la pared podemos ver una _____ abstracta, y sobre el sofá hay una manta típica (seguramente para los días fríos).

1-3 **Antónimos.** Escribe la palabra opuesta.

1. antiguo _____
2. barato _____
3. corto _____
4. desordenado _____
5. estrecho _____
6. feo _____
7. incómodo _____
8. limpio _____
9. oscuro _____
10. pequeño _____
11. vacío _____

1-4 **Formas y estilos.**

Paso 1: En tu cuaderno, dibuja las siguientes formas y patrones. Al final, compara tus dibujos con los de un/a compañero/a.

FORMAS	DISEÑOS
1. cuadrado/a	1. de cuadros
2. ovalado/a	2. de puntos
3. rectangular	3. de rayas
4. redondo/a	4. estampado/a
5. triangular	

Paso 2: Prepara varias preguntas para tu compañero/a para saber cómo es su dormitorio o habitación. Al terminar, prepara un breve resumen para presentarlo al resto de la clase.

Modelo: *¿De qué forma es tu habitación? ¿Tienes cortinas en tu habitación? ¿De qué color son?*

Reporte: *La habitación de mi compañero es rectangular. En su cuarto no hay cortinas ya que él prefiere las persianas. Aunque las paredes son blancas, su habitación tiene color ya que tiene una alfombra azul y una manta de cuadros azules y rojos.*

 1-5 **La habitación de mis padres.** Con un/a compañero/a, completen la siguiente descripción. Asegúrense de describir los siguientes aspectos.

- forma de la habitación
- muebles
- colores, estilos y diseños empleados

La habitación de mis padres es…

1-6 **Para estudiantes en el extranjero.** Preparen una descripción de su habitación en la casa (o el piso) de su familia anfitriona. Hablen de su tamaño, sus muebles y su decoración, e indiquen si les gusta o no (y por qué). Algunos estudiantes serán escogidos al azar para presentar su descripción al resto de la clase (por eso, estaría bien tomar fotografías del lugar y preparar una presentación en *PowerPoint*).

Antes de leer

1-7 **Para discutir.** Discute la siguiente pregunta con un/a compañero/a. ¿Es difícil para ti mantener tu cuarto limpio y ordenado? ¿Por qué?

1-8 **Ampliemos nuestro vocabulario.** Empareja cada palabra o frase con su definición.

1. _____ hacer la limpieza
2. _____ barrer
3. _____ la mancha
4. _____ el polvo
5. _____ el trapo
6. _____ la fregona
7. _____ el aspirador

a. marca o señal de diferente color
b. máquina para quitar el polvo
c. limpiar el piso (o el suelo) con la escoba
d. utensilio para limpiar los pisos (o suelos)
e. limpiar, quitar la suciedad
f. pedazo de tela que se usa para limpiar objetos
g. partículas de sólidos que flotan en el aire y se acumulan sobre objetos

El diario **de Dora**

mottos ¡Al mal tiempo buena cara! Ese es uno de mis lemas°, porque soy de las que siempre veo el vaso lleno hasta los topes. Por ello, procuro pensar en positivo hasta cuando toca hacer la limpieza general en casa. No es que sueñe con pasar el día *clinging to* agarrada° al trapo, pero sí he descubierto un peculiar placer en pasar la fregona *filled with* por un suelo repleto° de manchas y ver *strip* la franja° limpia en contraste; como en el anuncio. ¿Sabéis a qué me refiero? ¡Solo *footprints* me falta comparar las pisadas°! Bromas aparte, hay ciertos consejos —herencia de familia— que, de verdad, me facilitan mucho la tarea:

- **Hay que seguir un orden lógico.** Por ejemplo, siempre se debe limpiar el polvo antes de barrer y lo último,

pasar el aspirador para terminar con la suciedad que se haya resistido. La fregona se debe pasar al finalizar el resto de las tareas y empezar a trabajar desde el fondo de la casa hacia la entrada; así evitarás tener que pisar el suelo mojado.

- **Apuesta por la variedad.** Hay materiales que precisan productos concretos de limpieza, yo te recomiendo apostar° por ellos ya que hay gran *to go for* variedad. También es muy importante contar con diferentes bayetas y paños° *chamois and* para cada espacio. *cleaning rags*

¡Seguimos en contacto!

En el **Blog de Dora**, www.micasarevista .com

Después de leer

 1-9 **¿Comprendiste bien?** Completa las frases según la información del texto.

1. Dora recomienda primero _____ el polvo, después _____ y finalmente _____.

2. También sugiere pasar la fregona desde _____ de la casa hacia _____.

3. Finalmente nos recomienda usar una variedad de _____ ya que hay muchos en el mercado.

Explica, según el contexto, el significado de las siguientes expresiones.

4. Al mal tiempo buena cara.

_____

5. Pasar el día agarrada al trapo.

_____

6. Bromas aparte.

_____

1-10 **Debates.** Discutan las siguientes preguntas.

1. ¿A qué se refiere Dora cuando dice: "*he descubierto un peculiar placer en pasar la fregona por un suelo repleto de manchas y ver la franja limpia en contraste; como en el anuncio*"? ¿Qué otros experimentos has visto en comerciales de productos de limpieza?

2. ¿Qué tipo de rutina sigues para limpiar y ordenar tu casa? ¿Lo haces algún día concreto de la semana o intentas hacerlo todos los días?

3. ¿Puedes concentrarte mejor a la hora de estudiar y trabajar cuando todo lo que te rodea está limpio y ordenado?

1-11 Dos hogares muy distintos. Vamos a visitar la casa de Lissette y el dormitorio de Miguel. Presta atención al video y completa los cuadros a continuación.

 ¿Qué muebles u objetos describe Lissette?
(Menciona dos por cada habitación).

sala	
comedor	
cocina	

 ¿Qué objetos menciona Miguel? (Menciona dos en cada categoría).

muebles	
aparatos eléctricos	
elementos decorativos	

1-12 Detalles de cada descripción. Escucha la información proporcionada por Lissette y por Miguel e indica si las siguientes frases son ciertas (**C**) o falsas (**F**). Si son falsas, corrígelas.

La casa de Lissette

1. Hay muchos recuerdos de viajes en la sala. _____

2. A la familia le encanta la música. _____

3. Lissette nació en una ciudad grande. _____

4. Lissette compró el sofá hace diez años. _____

5. Lissette prepara un plato típico llamado la "bandera dominicana". _____

El dormitorio de Miguel

1. Miguel recibió una beca para jugar baloncesto. _____

2. La novia de Miguel es mexicana. _____

3. La música favorita de Miguel es el rock clásico. _____

4. A Miguel le encantan los juegos electrónicos. _____

5. Miguel estudia ingeniería. _____

1-13 Dictado. Ahora, completa cada párrafo, con la información que nos proporcionan Lissette y Miguel sobre sus respectivos hogares.

LISSETTE: Voy a empezar por aquí. Por este panel de recuerdo de los (1) _____. Por ejemplo cuando (2) _____ en México. El burrito tabanero, chiquitito y (3) _____ divertido. También tengo acá la trompeta de mi (4) _____, porque somos casi todos (5) _____. En España viajamos y estuvimos allí y vimos este (6) _____. ¡Qué hermoso! Objetos pequeños, grandes, (7) _____, de todas las formas y (8) _____. También la (9) _____ que es la responsable de que captemos todas las (10) _____ de todos estos viajes (¡porque somos unos (11) _____ empedernidos!).

MIGUEL: Deja me siento, y les cuento un poco más de lo que (1) _____ aquí porque es una (2) _____ muy buena. El (3) _____, ponemos un poco de botanas, un poco de papas, ¿ya sabes? Vienen muchos (4) _____, ponemos unas sillas aquí, tenemos la videoconsola de (5) _____, ponemos unos juegos, y empiezan los torneos. Se pone (6) _____, ¿eh? Deja te digo, se pone muy intenso. Todos somos muy competitivos, y se pone (7) _____.

1-14 **Para discutir.** En pequeños grupos, discutan las siguientes preguntas.

1. ¿Qué les gustó más de la casa de Lissette (o del dormitorio de Miguel)? Expliquen su respuesta.

2. Comparen su casa con la de Lissette (o su dormitorio con el de Miguel). Mencionen por lo menos dos cosas que sean similares y dos que sean diferentes.

3. Si pudieran visitar a alguno de estos personajes, ¿a cuál visitarían? Expliquen su respuesta.

Análisis del discurso

Si prestas atención a la manera como estructuraron los entrevistados sus respuestas, vas a darte cuenta de que siguen un patrón bastante consistente.

- Primero, dicen algo general acerca del lugar o el objeto que van a describir.

- Luego, dan detalles que explican la generalización inicial (con uno o varios ejemplos que ilustran su tesis).

- Finalmente, concluyen el párrafo con frases o anécdotas que refuerzan la tesis o generalización inicial.

Ejemplos:

LISSETTE: "Esta es la sala de estar. Donde toda la familia se sienta a dialogar. Aquí charlamos siempre. Hablamos de los problemas, de las cosas buenas y de las soluciones que tenemos que darles a todos los problemas que se nos enfrenten, por supuesto".

MIGUEL: "Luego, luego, podemos ver algunos trofeos de fútbol. Estoy en una beca futbolística aquí en la universidad, entonces tienes que ser bueno. Estos trofeos representan eso. Este, curiosamente, fue un torneo que fuimos a México, mi país natal, y gané el campeonato de goleo, entonces me dieron este trofeo. Fue una experiencia fantástica, y muy divertida".

1-15 Una sala muy agradable. Organiza las siguientes frases según el modelo anterior para describir esta sala.

_____ Su decoración fue hecha en colores claros, predominan el crema, el marrón y el verde. Tiene grandes ventanas y puertas de acceso al exterior, y aunque no tiene muchos muebles, estos son particularmente cómodos y funcionales.

_____ En esta fotografía tenemos una sala moderna, caracterizada por un diseño práctico y acogedor.

_____ Sus dueños disfrutan de este espacio para descansar y acoger a sus invitados. Y el año pasado, apareció en la portada de una famosa revista internacional de decoración.

1-16 Una casa muy moderna. Ahora haz una descripción similar de la siguiente casa. Usa la imaginación: dinos dónde está, quién vive allí, y explica por qué la consideras moderna.

Estrategia comunicativa

Cómo mantener la palabra mientras piensas

Las siguientes son algunas de las expresiones (o muletillas) usadas por los hispanohablantes para mantener la palabra mientras que piensan en lo que van a decir posteriormente:

este…	*entonces,*	*y…*	*y nada…*
eh…	*y bueno…*	*o sea…*	*pues…*

NOTA: El sonido vocálico en la última sílaba de las palabras también puede ser alargado para dar más tiempo al hablante para pensar.

Bueno, en realidad Linares es una ciudaaaaaaaaaad pequeña.

 ¿Puedes identificar algunas de las muletillas usadas por Lissette y Miguel?

A. **Ser/Estar**

Recuerda que el verbo **estar** se usa para indicar la ubicación o la condición de algo o alguien. En todos los demás casos (definiciones, clasificaciones, color, marca, etc.), se usa el verbo **ser**.

> Este **es** el sofá que me regaló mi esposo. Y en frente del sofá, **está** la mesita de centro, donde tenemos algunos recuerdos de nuestro viaje a Guatemala.

> Y este **soy** yo… Un estudiante mexicano, estudiando en Estados Unidos.

▦ Nota

La concordancia

Aunque el género en español está casi siempre asociado con final en -o, -aje, y -or (para el masculino) y en -a, -ción, -sión, -dad, y -tad (para el femenino), hay importantes excepciones.

Palabras masculinas que terminan en -a

el agua	el cometa	el esquema	el planeta	el sistema
el arpa	el cura	el idioma	el poema	el sofá
el clima	el día	el mapa	el problema	el tema

Palabras femeninas que terminan en -o

la foto	la mano	la moto	la radio

 1-17 **Más detalles, por favor.** Un estudiante de primer año ha escrito esta descripción. Expande el texto para incluir más detalles (habla de la forma de la habitación, otros muebles que observas en la fotografía, tu opinión acerca de la decoración, etc.).

Modelo: *Mi habitación tiene una cama y un escritorio. La cama es peque-ña y la alfombra tiene muchos colores. La lámpara está sobre el escritorio. No tengo un televisor.*

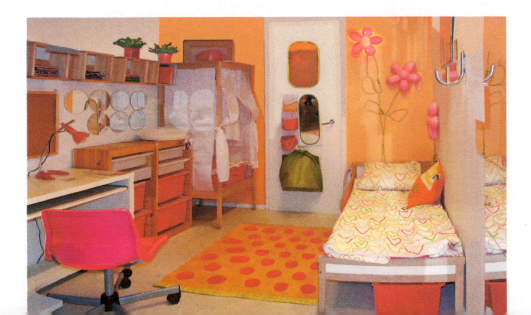

B. El uso de *haber* para describir el contenido de algo

Recuerda que para hablar de la existencia de algo, se usa la forma impersonal (e invariable) de **haber**.

> Presente: **hay,** pretérito: **hubo,** imperfecto: **había,** futuro: **habrá**

En el panel de la sala **hay** objetos de todas las formas y tamaños.

Este es mi santuario académico. Aquí ya **no hay** distracciones. Me concentro en lo que importa: en la tarea.

En mi dormitorio **no hay ni** estufa **ni** horno.

«En España **hay** un desajuste tremendo entre los precios y los sueldos, sobre todo, si te emancipas solo, como es mi caso.»

 1-18 **¿Qué hay en la sala?** Primero, cada estudiante debe escoger una de las siguientes salas (Sala A o Sala B). Luego, tomen turnos describiendo diferentes aspectos de la misma. Usen las siguientes categorías como guía.

1. muebles
2. plantas
3. elementos decorativos
4. colores

Modelos: E1: *En mi sala hay un sofá marrón muy tradicional.*
E2: *Pues en la mía hay un sofá también, pero es blanco y moderno.*

SALA A	SALA B

1-19 **La casa o el dormitorio de tu compañero/a.** Prepara varias preguntas para obtener información sobre la casa (o el dormitorio) de tu compañero/a. Luego de entrevistarlo/a, prepara un breve resumen para presentarlo al resto de la clase.

Modelos: E1: *¿Dónde vives?*
E2: *Vivo en Oak Park.*
E1: *¿En una casa o en un apartamento?*
E2: *Vivo en una casa.*
E1: *¿Es una casa grande o pequeña?*
E2: *Pues, es más o menos pequeña. Hay dos habitaciones y…*

Reporte: *Mi compañero vive en* Oak Park, *en un apartamento más o menos pequeño. Allí hay…*

 C. **Las preposiciones**

Las siguientes son las preposiciones más comunes que usamos para indicar la ubicación de objetos.

a la derecha de	dentro de
a la izquierda de	en frente de
al lado de	encima de (sobre)
atrás de	entre la ventana y la puerta
debajo de	junto a

 1-20 **¿Dónde está?** Tomen turnos haciendo y respondiendo preguntas sobre la ubicación de diferentes objetos en la siguiente fotografía.

Modelos: E1: *¿Dónde está el refrigerador?*
E2: *Está al lado del lavavajillas.*

1-21 Diagrama. Ahora tomen turnos describiendo y dibujando el diagrama del apartamento o dormitorio de su compañero/a.

Modelo: *Mi apartamento es rectangular. La entrada está en el centro. Al lado derecho de la puerta está la sala y al frente está la cocina. Al lado izquierdo …*

1-22 Para estudiantes en el extranjero. Usando las preposiciones, prepara una breve descripción de la vecindad donde reside tu familia anfitriona.

 D. El uso del pretérito para hablar de eventos en el pasado

Recuerda que el pretérito se usa para hablar de eventos que tuvieron lugar en el pasado.

-ar	-é, -aste, -ó, -amos, -asteis, -aron
-er/-ir	-í, -iste, -ió, -imos, -isteis, -ieron

Muchas de las cosas que hay en mi casa me las **regaló** mi mamá.

Me encanta esta pintura. La **compramos** en una feria de arte el año pasado.

Notas: 1) Los pronombres de objeto directo (**lo, la, los, las**) reemplazan al sustantivo y usualmente preceden al verbo conjugado:

Estas servilletas son muy bonitas. **Las** compramos hace dos años en Venezuela.

2) Cuando el verbo principal está en el infinitivo, gerundio o imperativo afirmativo, los pronombres van detrás y forman una sola palabra:

Me encantó el sofá que vimos en esa tienda. Deberíamos **comprarlo** pronto.

Los siguientes verbos tienen alteraciones vocálicas en su conjugación del pretérito:

e → i	competir, elegir, herir, medir, mentir, morir, pedir, preferir, reír, repetir, sentir, seguir
o → u	dormir

El famoso escritor Juan Ramón Jiménez **nació** y **murió** en esta ciudad.

Verbos con alteraciones en la raíz incluyen:

andar → anduv-	conducir → conduj-
caber → cup-	introducir → introduj-
haber → hub-	producir → produj-
poder → pud-	reducir → reduj-
poner → pus-	traducir → traduj-
saber → sup-	traer → traj-

Recuerda que los verbos **estar** (estuve, estuviste, estuvo…), **hacer** (hice, hiciste, hizo…), **decir** (dije, dijiste, dijo…), **tener** (tuve, tuviste, tuvo…), y **ser/ir** (fui, fuiste, fue…) tienen terminaciones irregulares en el pretérito.

Cuando **fuimos** a México, mi país natal, **gané** el campeonato de goleo y me **dieron** este trofeo. **Fue** una experiencia fantástica, y muy divertida.

Este sofá, me lo **regaló** mi esposo cuando **cumplimos** diez años de casados. **Fue** un día maravilloso. Porque **salimos** a comprarlo y nos **divertimos** en cantidad. También **fuimos** a Guatemala, y de allá **trajimos** este recuerdo.

 1-23 **¿Qué hiciste ayer?**

Paso 1: Conversa con un/a compañero/a para saber acerca de sus actividades el día de ayer.

> **Nota:** No te olvides de usar preposiciones (como primero, segundo, tercero… después, entonces, más tarde, finalmente, etc.) para organizar tu respuesta.

> **Modelos:** E1: *¿Qué hiciste ayer?*
> E2: *Bueno, nada especial… Primero, fui a clase, estudie.*
> *Después, hice ejercicio…*
> E1: *Y… ¿hablaste con tus padres?*
> E2: *Pues no. Hablé con ellos….*

Paso 2: Describe al resto de la clase las actividades de tu/a compañero/a el día de ayer. Cuéntales qué hizo, cuándo y por qué.

1-24 Entrevista. Hazle las siguientes preguntas a un/a compañero/a y prepara un resumen de sus respuestas.

1. ¿Cuándo te mudaste a tu casa o apartamento actual?
2. ¿Cómo encontraste ese lugar?
3. ¿Por qué lo escogiste?
4. ¿Estás contento/a ahí?

1-25 Cuéntame la historia de... Trabajen en parejas. Cada estudiante va a escoger uno de los siguientes objetos de decoración, y va a contarle una historia a su compañero/a respecto a su origen (dónde y cuándo lo compró, cuánto le costó, dónde está en su casa ahora, por qué le gusta, etc.).

1-26 Para estudiantes en el extranjero. Entrevisten a un miembro de su familia anfitriona para obtener información acerca de la historia de su casa, piso, o apartamento. Averigüen cuándo se mudaron a este lugar, por qué lo escogieron, y qué es lo que más les gusta de su vecindad.

A. Los adjetivos posesivos

Los adjetivos posesivos (**mío, tuyo, suyo, nuestro, vuestro, suyo**) se usan con carácter enfático, y concuerdan en género y número con el sustantivo que describen.

> Me encantan los amigos **tuyos**. Invítalos a la fiesta.

Para evitar redundancias, se puede eliminar el sustantivo.

> ¿Dónde quieres que hagamos la fiesta? Mi casa está disponible, pero **la tuya** es más grande.

Los adjetivos posesivos se usan con el verbo **ser** para indicar pertenencia.

> ¿De quién son estos regalos? Son **míos**.

Nota: Recuerda que para hablar de partes del cuerpo (o de la ropa que llevamos puesta), por lo general no se usan los pronombres posesivos (**mi/s, tu/s, su/s, nuestro/-a/s, vuestro/-a/s, su/s**). Los adjetivos posesivos sí se pueden usar en este contexto, pero como se indicó anteriormente, tienen un carácter enfático.

> ¿Qué ropa vas a llevar a la fiesta? Creo que me pondré **la** falda verde.

> Tengo que cortarme **el** pelo antes de la reunión.

> Me encanta esa camisa **tuya**. Es espectacular.

> Hay mucho humo en esta sala y me molestan **los** ojos. ¿Te molestan los **tuyos** también?

1-27 **Vamos de compras.** Juan y Luisa van a comprar ropa para la próxima fiesta. Lee la siguiente conversación y completa los espacios en blanco con los posesivos correspondientes.

JUAN: ¿Crees que esta camisa combinará bien con (1) _____ pantalones negros?

LUISA: (2) _____ pantalones son muy oscuros para combinar con esta camisa. Además, ayer vi en (3) _____ armario una camisa igual que esa.

JUAN: Creo que voy a pedirle a Roberto (4) _____ camisa de flores, seguro que combina bien.

LUISA: Es una broma, ¿verdad? (5) _____ jefe va a ir a la fiesta y no quiero que te vean con una camisa de flores.

JUAN: Está bien. ¿Qué te parece esta camisa con (6) _____ pantalones azules?

LUISA: Eso me gusta más. Vamos a pagar esto y después vamos por (7) _____ vestido para la fiesta.

1-28 **¿Dónde se vive mejor?** En grupos de 3, elijan (cada uno) una de las tres casas. Después, discutan con sus compañeros/as cuál está mejor situada y por qué.

Modelos: E1: *Mi casa está mejor situada que la tuya porque está cerca del supermercado.*

E2: *Sí. La mía está un poco lejos del supermercado, pero está más cerca de la universidad.*

E3: *Bueno, yo creo que la ubicación de la mía es la mejor ya que está más cerca de la biblioteca y...*

B. **Los determinantes indefinidos**

Para hablar de objetos que seleccionamos de un conjunto, podemos usar los determinantes **alguno/-a, algunos/-as, ninguno/-a, ningunos/-as, todos/-as**.

Los invitados van a traer **algunos** platos para compartir el día de la fiesta.

Juanita va a traer **todos** los refrescos.

«Luego, luego, podemos ver **algunos** trofeos de fútbol. Tengo una beca futbolística aquí en la universidad, entonces tengo que ser bueno.»

Recuerda que antes del sustantivo, las formas masculinas **alguno** y **ninguno** pierden su **–o** final y requieren tilde.

Creo que no va a venir **ningún** estudiante de primer año a la reunión.

¿Tienes **algún** amigo que quiera venir?

Se usa la preposición **de** para indicar el conjunto al que nos referimos.

Vamos a tener que mover algunos **de** los muebles para acomodar a todos los invitados.

Es mejor poner algunas **de** las sillas en la terraza.

Los indefinidos **alguien, nadie, algo, nada** y **todo** son sustantivos y siempre son masculinos.

No pongas nada **frío** sobre esta mesa.

Quiero que todo esté **perfecto** para la fiesta.

«Aquí tengo **algo**. Mmm… ¿Qué es esto?… Esta es la espada. Es de mi esposo. No sé por qué está aquí, pero… vamos a dejarla.»

Las formas negativas **nadie, nada, ningún/-o/-a/-os-as** pueden ir antes o después del verbo. Si van después del verbo hay que hacer la doble negación.

Nadie ha llegado todavía / **No** ha llegado **nadie** todavía.

Para hablar de objetos o personas diferentes dentro de una misma categoría se usa *otro/-a/-os/-as*.

Quizás deberíamos comprar **otros** refrescos.

«Aquí tengo **otros** pósteres de fútbol.»

Recuerda que **otro/-a/-os/-as** se pueden usar con otros determinantes, pero *nunca* con **un/-o/-a/-os/-as**.

Esos adornos no me gustan. Prefiero **los** otros.

¿Quieres **otro** postre?

1-29 **¿Sabes preparar una fiesta?** En el siguiente artículo tienes los pasos más importantes para organizar una fiesta. Léelo y selecciona el determinante adecuado.

Para divertirse hay que organizarse. (1) _____ (nada/otras/algunas) veces se improvisan reuniones y es divertido, pero (2) _____ (otras/todas/ninguna) veces se nos olvidan cosas importantes. Vamos a repasar (3) _____ (nada/algo/todo) lo necesario para una buena fiesta. Es bueno preparar con antelación la lista de invitados, para no olvidarnos de (4) _____ (algunos/ninguno/nadie). También debemos hacer una lista con las compras necesarias: comida, bebida, decoraciones y (5) _____ (algunas/otros/todos) artículos, como gorros de papel y juegos de mesa. Podemos pedir a nuestros invitados que traigan (6) _____ (ningún/algún/alguno) platillo para acompañar. La música contribuye a la ambientación de la fiesta, así que si conoces a (7) _____ (algo/alguno/alguien) que le guste organizar la música, pídele ayuda.

1-30 Fiesta desastrosa. Julia quería preparar una gran fiesta de cumpleaños, pero parece que la gente no se divierte tanto como ella esperaba. Ayúdala a mejorar la fiesta contestando a sus preguntas. Recuerda utilizar los determinantes que hemos visto en la lección.

JULIA: ¿Crees que debería poner música country en la fiesta?

_____

JULIA: Yo invité a 30 personas. ¿Cuántos más llegarán?

_____

JULIA: ¿Piensas que hay suficiente hielo?

_____

JULIA: ¿Tenemos bastante comida para todos?

_____

JULIA: ¿Te gustan los sombreros de papel?

_____

JULIA: ¿Trajiste vasos desechables?

_____

JULIA: No hay suficientes sillas para tanta gente. ¿Qué vamos a hacer?

_____

🔊 Las vocales

Aunque el inglés y el español usan básicamente las mismas letras del alfabeto latino, en realidad hay diferencias importantes en los sonidos que ellas representan. Una de las diferencias más grandes es la de las vocales.

Se entiende por vocal, un sonido que es producido sin obstrucciones. Se trata de sonidos en los cuales el flujo del aire es modificado por la posición de la lengua y por la conformación de los labios. Mientras que en inglés hay aproximadamente 16 posibles variaciones de estos sonidos vocálicos, en español solamente hay 5 y corresponden fielmente a los grafemas a, e, i, o, u.

Nota importante: Mientras que en inglés el entorno fonético tiende a afectar la pronunciación de las vocales (por ejemplo, nota la diferencia en la pronunciación de la vocal representada por "o" en los siguientes casos: cot / pork), en español tales modificaciones no tienen lugar y los sonidos se mantienen iguales (nota por ejemplo el sonido /o/ en las siguientes palabras: coto / porqué). También, ten en cuenta que las vocales en posición final no sufren diptongación (observa el contraste entre la vocal final de la palabra inglesa "dynamo" y la española "rico").

En términos generales, en español podemos distinguir entre vocales abiertas o fuertes (a, e, o) y cerradas o débiles (i, u), distinción que va a ser importante cuando discutamos los diptongos. Por lo pronto, practica la pronunciación correcta de las cinco vocales básicas de la lengua española, repitiendo las siguientes palabras:

Pronunciación de vocales

Posición inicial	Posición intermedia	Posición final
agricultura	bancos	bocina
elegante	finanzas	grande
escritorio	(de) cuadros	imponente
estampado	catedral	mueble
iglesia	majestuosas	comercio
oriente	colonial	pequeño
ovalado	(sin) rodeos	turismo
uva	madurez	(en) desuso

En inglés, los sonidos vocálicos en posición final son inusuales y los pocos que existen tienden a ser diptongados. Considera los siguientes ejemplos:

empresari**o**	blas**é**
micr**o**	caf**é**
plat**o**	touch**é**

En español, los sonidos vocálicos /o/ y /e/ son frecuentes en posición final, y nunca deben ser diptongados:

Pronunciación de la vocal /o/ en posición final	Pronunciación de la vocal /e/ en posición final
ambicioso	agradable
cambio	competente
progreso	exigente
redondo	fuerte
terco	reluciente
trastero	sociable

 Ahora, lee en voz alta las siguientes frases. ¡Ojo! Mantén la calidad de cada vocal.

1. Esta es la sala de estar. Donde toda la familia se sienta a dialogar.

2. Esta mini colección son pinturas de paisajes de nuestros países. Yo les llamo "paisajes universales" porque los puedes encontrar en cualquier parte de Latinoamérica.

3. Es mi santuario, como le dicen. Mi cuarto de dormitorio. Les voy a contar un poco de quién soy yo.

4. Mira esa hermosa guacamaya. Está hecha por indígenas mexicanos.

Antes de leer

1-31 **Para discutir.** Discute la siguiente pregunta con un/a compañero/a.
¿Cuáles son algunas de las ventajas o desventajas de vivir con nuestros padres?

1-32 **Ampliemos nuestro vocabulario.** Empareja cada palabra con su
definición.

1. _____ el nido
2. _____ vaciar
3. _____ la emancipación
4. _____ la convivencia
5. _____ disfrutar
6. _____ agobiar
7. _____ la madurez

a. independencia; libertad del control y la
   protección de los padres
b. causar gran molestia
c. edad adulta; buen juicio adquirido por la
   experiencia
d. dejar algo desocupado (limpio o sin contenido)
e. coexistencia, vida en común
f. tipo de cama que forman las aves para depositar
   sus huevos; casa, hogar
g. gozar, sentir placer

El nido **no se** vacía

Texto de Ana Valls

Hasta hace poco, la sociedad debatía sobre el síndrome del nido vacío. Ahora, más bien es al contrario. El 46% de los jóvenes españoles de entre 18 y 34 años vive en casa de sus padres. Esta tendencia, en constante aumento desde los 80, provoca que padres e hijos tengan que *reconsider* **replantearse°** **las reglas de convivencia** María Díaz Granados tiene 27 años y *public exam* está preparando una oposición° que la mantiene entregada al estudio unas diez horas al día. Con ese ritmo, cuenta, le resulta imposible ser económicamente independiente, por lo que sigue viviendo con sus padres en su casa de Toledo. "Puede que en dos o tres años me pueda marchar; ahora, me resulta inviable", comenta por correo electrónico, en uno de los momentos libres que tiene al día.

Como ella, son muchos los españoles que siguen conviviendo con sus progenitores una vez alcanzada la mayoría de edad. **Según datos del 2010 del Instituto de la Juventud, un 46% de los jóvenes de entre 18 y 34 años reside con sus padres o, en su defecto, con sus suegros.** La crisis económica, la precariedad laboral°, el elevado *job instability* precio de la vivienda o la extensión del periodo de formación académica son algunos de los motivos que los jóvenes esgrimen para justificar por qué siguen en casa de sus padres. Para Eduardo Díaz Ruiz, madrileño de 30 años a punto de emanciparse por primera vez, las razones son prácticamente económicas: "En España hay un desajuste tremendo entre los precios y los sueldos, sobre todo, si te emancipas solo, como es mi caso".

Esta teoría también es compartida por **Jorge Barraca**, especialista en psicología y profesor de la universidad Camilo José Cela de Madrid, autor de *Overbooking en el nido,* un práctico libro repleto de claves para "conseguir una convivencia feliz cuando los hijos no se van de casa". Este especialista, que trabaja como psicoterapeuta de parejas y familias, considera que a las causas económicas (paro, crisis, viviendas caras…) se unen también las sociales. "Ahora se necesita más tiempo educativo y se sale más tarde de casa", afirma. "Además, al haber mucha más libertad y una mejor relación familiar, se favorece que la gente se quiera quedar más tiempo en el hogar paterno".

Esa libertad es la que afirma sentir María Díaz y la que favorece la convivencia en casa: "Yo vivo mi vida tal y como quiero vivirla", asegura. "Mis padres no invaden en ningún momento mi intimidad, aunque claro está, se interesan y preocupan por mis cosas, pero sin agobiar". Sus padres, Caridad Granados y José Díaz, de 54 y 55 años respectivamente, están encantados de tener a su hija en casa, "así podemos disfrutar de ella más años", aseguran. En su convivencia diaria, afirman que ya no es necesario, como en su etapa de adolescente, "estar encima de María. Ha alcanzado una madurez que le permite tomar sus propias decisiones, aunque nosotros sigamos aconsejándole desde el respeto".

Este ejemplo podría considerarse idílico, aunque no se da, ni mucho menos, en todos los casos. Cada vez son más los padres que reclaman –en silencio– la emancipación de unos hijos que ya rozan la treintena o que incluso la superan. Según datos de Eurostat, la Oficina Europea de Estadística, el porcentaje de jóvenes españoles de entre 25 y 34 años que residen con sus progenitores llega al 35,7%, frente al 1,6% de Dinamarca o el 10,5% en Francia. Los portugueses superan la cifra española con más de un 40%.

Jorge Barraca explica que este fenómeno ha ido en aumento desde los años 80 del pasado siglo y las consecuencias negativas en los padres no se han hecho esperar. "Algunos se sienten desfasados al compararse con amigos o familiares con hijos ya independizados o que incluso ya tienen nietos", comenta. "**También puede aparecer la culpabilidad al creer que han sobreprotegido al hijo o que no lo han hecho una persona capaz**". En situaciones extremas, el estrés por dicha situación puede conllevar la aparición de dolores psicosomáticos, "de cabeza, espalda, estados depresivos, de tristeza… Y es que a los padres les cuesta reconocer que se encuentran mal porque su hijo o hija sigue en casa", añade Barraca.

El psicólogo, que precisa que estos casos más radicales son los menos habituales, también rompe una lanza en favor de los jóvenes, muchas veces tachados de oportunistas: "Al final esta situación, que parece beneficiar en un principio al hijo, le está perjudicando también, porque no ha desarrollado las destrezas que conlleva el vivir solo, y cuanto más se retrase la salida, más difícil será adquirirlas".

A esto se unen los roces que surgen en una convivencia algo peculiar en la que algunos padres siguen tratando a sus hijos como adolescentes y en la que algunos hijos siguen comportándose como tales. En este caso, Barraca recomienda, como primer paso hacia una mejor convivencia, la necesidad de pasar de una relación de adulto-niño, a una de adulto-adulto. "Esto se consigue dando más responsabilidades al hijo, de forma progresiva. A este le toca entonces demostrar que puede ganarse la autonomía, respondiendo a las expectativas que sus padres ponen en él", comenta el psicoterapeuta.

Hablar de forma directa y sin rodeos°, *directly* aunque con cariño y comprensión, y aprender a negociar ayuda también a que padres e hijos ya mayores puedan vivir bajo un mismo techo, sin que su relación se deteriore.

Después de leer

1-33 **Exploremos el texto.**

1. Enumera algunas de las causas por las que muchos jóvenes españoles no se pueden independizar.

2. ¿Qué desventajas supone para los padres y para los hijos el hecho de que estos no se independicen?

3. **¿Cierto o falso?** Indica si las siguientes frases son ciertas (**C**) o falsas (**F**). Si son falsas, corrígelas.

   a. María Díaz Granados es una joven estudiante española que no ha podido emanciparse por falta de dinero. _____

   b. España cuenta con el porcentaje más elevado de jóvenes que viven con sus padres. _____

   c. La emancipación de los hijos puede tener ventajas en la relación de pareja de los padres. _____

   d. Todos los padres desean que sus hijos se queden para siempre en casa. _____

4. Según el psicólogo Barraca, ¿cuáles son los efectos negativos de la emancipación tardía tanto para padres como para hijos? ¿Qué recomendaciones les ofrece? ¿Qué otras recomendaciones les darías tú?

La emancipación tardía de los hijos			
Efectos negativos para los padres	Efectos negativos para los hijos	Recomendaciones del psicólogo Barraca	Mis recomendaciones

5. **Para discutir.**

   a. ¿Creen que el número de jóvenes estadounidenses que vive todavía con sus padres es mayor o menor que en España? (Consulten fuentes estadísticas en Internet para apoyar su opinión).

   b. ¿Qué ventajas e inconvenientes creen que tiene que los jóvenes no se independicen y vivan muchos años con sus padres?

   c. ¿Viven de forma independiente cuando están en la universidad? ¿Qué es lo que más les gusta y lo que menos les gusta de la experiencia de vivir sin su familia?

1-34 **Proyecto audiovisual.** Ahora vas a poner en práctica todo lo que aprendiste en este capítulo sobre las descripciones.

1. Describe en detalle tu casa, apartamento o dormitorio. Menciona sus características más sobresalientes, describe su decoración y explica por qué te gusta.

   Nota: Los estudiantes que están tomando este curso en el extranjero pueden hacer su presentación sobre la casa de su familia anfitriona.

2. Complementa tu descripción con anécdotas o historias interesantes acerca del lugar o de los objetos que usas para su decoración.

3. Después de preparar un borrador de tu presentación (tiempo límite: 3 minutos), pídele crítica constructiva a un/a compañero/a. Este/a compañero/a va a escuchar y a criticar tu presentación usando la siguiente lista de verificación y rúbrica.

Lista de verificación

¿Dijo algo general acerca de su casa o apartamento?	Sí	No
¿Dio ejemplos que ilustran esa generalización?	Sí	No
¿Complementó su descripción con algunos antecedentes?	Sí	No

Rúbrica

	Excelente	Bien	Aceptable	Deficiente
Claridad de la presentación				
Fluidez				
Uso de la estrategia comunicativa: muletillas				

4. Después de escuchar las críticas que te ha hecho tu compañero/a, prepara la versión final de tu presentación.

Vocabulario

Sustantivos

el aparato electrónico	*electronic device, gadget*	la familia anfitriona	*host family*
el aspirador	*vacuum cleaner*	el horno	*oven*
el baño	*bathroom*	la madurez	*maturity*
la bocina	*speakers*	la mancha	*spot, stain*
la cama individual	*single bed*	la mesita de centro	*coffee table*
la cesta	*basket*	el microondas	*microwave*
la cocina	*kitchen*	el mueble	*furniture*
la convivencia	*coexistence, living together*	la nevera	*refrigerator*
el dormitorio	*bedroom*	el nido	*nest*
el elemento decorativo	*ornament*	la pintura	*painting*
la emancipación	*coming of age, liberation*	el polvo	*dust*
el escritorio	*desk*	el recuerdo	*souvenier*
la fregona	*mop*	el trapo	*dust rag*
		el trofeo	*trophy*

Verbos

agobiar	*to overwhelm*	independizarse	*to become independent*
barrer	*to sweep*	limpiar	*to clean*
botar/tirar a la basura*	*to throw away*	ordenar	*to order, to arrange*
disfrutar	*to enjoy*	pasar el aspirador	*to vacuum*
emanciparse	*to become independent*	pasar la fregona	*to mop*
hacer la limpieza	*to clean, to do housework*	vaciar	*to empty*

Adjetivos

agradable	*pleasant, likeable*	estrecho/a	*narrow, tight*
cómodo/a	*confortable*	limpio/a	*clean*
cuadrado/a	*squared*	lleno/a	*full*
de cuadros	*checkered, plaid*	ordenado/a	*organized, tidy*
estampado/a	*patterned*	oscuro/a	*dark, gloomy*
de puntos	*polka dots*	redondo/a	*round*
de rayas	*stripped*	sucio/a	*dirty, filthy*
		vacío/a	*empty*

Otras expresiones

Al mal tiempo buena cara.	*When the going gets tough, the tough get going.*
bromas aparte	*all jokes aside*
pasar el día agarrada al trapo	*to spend the whole day cleaning*

*español peninsular

CAPÍTULO 2

¿Cómo somos?

OBJETIVOS COMUNICATIVOS

En este capítulo podrás

- describir en detalle a tus amigos y familiares.
- comparar cantidades y cualidades.
- discutir gustos, costumbres y preferencias.
- pronunciar con mayor precisión la letra *r*.
- describir algunos cambios sociales en ciertos países de habla hispana.

CONTENIDO

33

2-1 **Don José y su nieta, Adriana.** ¿Qué palabras usarían para describir a estas dos personas? En dos minutos hagan una lista de todas las palabras que les vengan a la mente. Al final, cuenten las palabras y determinen qué grupo recordó el mayor número.

Don José	Adriana (la nieta de Don José)
	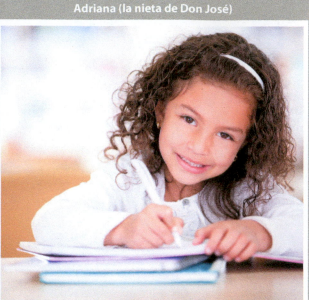

 2-2 **Antónimos.** Escribe la característica opuesta para cada una de las siguientes palabras.

1. alto _____
2. gordo _____
3. blanco _____
4. fuerte _____
5. ágil _____
6. grande _____
7. rubio _____
8. calvo _____
9. lacio _____

 2-3 **¿De quién se trata?** Un estudiante debe pensar en un/a compañero/a de la clase, y el otro estudiante debe adivinar de quién se trata por medio de preguntas. Al terminar, cambien de papel.

Modelos: E1: *¿Es alto?*
E2: *No.*

E1: *¿Tiene el pelo largo?*
E2: *Sí....*

2-4 Opiniones. Clasifica las siguientes palabras de acuerdo a su connotación. Discute tus respuestas con un/a compañero/a (varias opciones son posibles, así que prepárate para justificar tu selección).

1. alegre
2. amable
3. ambicioso
4. artístico
5. cariñoso
6. despistado
7. exigente
8. formal
9. gracioso
10. gruñón
11. hablador
12. honrado
13. intelectual
14. introvertido
15. malhumorado
16. perezoso
17. perfeccionista
18. pragmático
19. prudente
20. raro
21. serio
22. sociable
23. solitario
24. soso
25. terco
26. torpe
27. trabajador
28. travieso

Características positivas	Características neutras	Características negativas

2-5 Antónimos. Escribe la cualidad opuesta.

1. simpático _____
2. amable _____
3. alegre _____
4. generoso _____
5. valiente _____
6. modesto _____
7. optimista _____
8. diligente _____
9. sincero _____
10. trabajador _____

2-6 **Derivaciones.** Los siguientes atributos están expresados en forma de sustantivos o verbos. ¿Sabes cuáles son los adjetivos correspondientes? Trabaja con un/a compañero/a para escribir las derivaciones.

Modelos: la actividad → *activo/a*
cuidar → *cuidadoso/a*

1. la actividad	12. la fragilidad	23. la pasividad
2. el arrojo	13. la fuerza	24. pensar
3. el castigo	14. el impulso	25. la protección
4. la comprensión	15. la interioridad	26. proveer
5. cuidar	16. la intuición	27. la prudencia
6. la debilidad	17. la invulnerabilidad	28. la racionalidad
7. la dureza	18. la ira	29. la receptividad
8. la emoción	19. lo privado	30. la resistencia
9. la exigencia	20. lo público	31. sentir
10. la reflexión	21. mandar	32. el sentimiento
11. la exterioridad	22. organizar	33. la valentía

2-7 **Perspectivas tradicionales.** ¿Qué adjetivos de la lista anterior se consideran tradicionalmente como femeninos o masculinos? Escriban dos listas y comparen sus respuestas con otros grupos. ¿Están de acuerdo en todas sus repuestas? ¿Qué adjetivos fueron difíciles de clasificar? ¿Por qué?

Atributos femeninos	Atributos masculinos

2-8 **¿Cierto o falso?** Para esta actividad, un estudiante debe mencionar uno de sus atributos y su compañero/a debe tratar de adivinar si es cierto o falso lo que ha dicho mediante preguntas. Luego, cambien de papel.

Modelos: E1: *Yo soy muy valiente.*
E2: *Vamos a ver... ¿te gustan los deportes extremos?... ¿No le tienes miedo a nada?...*

2-9 **Te presento a mi amigo/a.** Escoge a una de las siguientes personas, y usando la imaginación, explícale a tu compañero/a por qué él/ella es uno/a de tus mejores amigos/as. Tienes 90 segundos para decir por lo menos seis de los atributos más destacados de tu amigo/a.

Modelos: *¡Mira! Te presento a mi amigo/a _____.*
Él/Ella es mi mejor amigo/a porque…

Esteban

Julia

Alicia

Joaquín

2-10 **Los miembros de su familia.** Completa la siguiente tabla con información sobre la familia de uno de tus compañeros/as.

Modelo: *¿Cómo se llama tu padre? ¿Cómo es físicamente? ¿?*

Nombre	Relación	Aspecto físico	Personalidad	Intereses comunes
Juan	padre	alto y moreno	simpático y estricto	los deportes, cocinar comida italiana

2-11 **Para estudiantes en el extranjero.** Preparen una descripción de los diferentes miembros de su familia anfitriona. Algunos estudiantes serán escogidos al azar para presentar su descripción al resto de la clase. Por eso, estaría bien tomar fotografías de estas personas y preparar una presentación en *PowerPoint*. Recuerden que su reporte debe estar estructurado lógicamente como lo aprendimos en el *Capítulo 1*: Comenzando con una introducción general, seguida por información de contexto y con varios comentarios, anécdotas o comentarios pertinentes.

2-12 **Personalidades del mundo actual.** Preparen en parejas la descripción de algún personaje contemporáneo importante (puede ser del mundo artístico, deportivo, político, etc.) y preséntenla al resto de la clase. La clase debe tratar de adivinar de quién se trata. Usen la siguiente tabla para organizar sus ideas.

Modelo: *Se trata de la cantante Taylor Swift. Ella es joven, rubia y muy guapa. En su corta carrera, Taylor ha vendido millones de discos y ha recibido muchos premios importantes como los Grammy y los CMA.*

Nombre del personaje	Profesión	Aspecto físico	Personalidad	¿Por qué es famoso?
Taylor Swift	*cantante*	*joven, rubia y muy guapa*		*En su corta carrera, Taylor ha vendido millones de discos y ha recibido muchos premios importantes como los Grammy y los CMA.*

Ampliemos

Temas de discusión

Antes de leer

 2-13 Para discutir. ¿Qué características masculinas venden más? Observen una revista y traten de identificar el ideal masculino representado en la publicidad de hoy en día.

 2-14 Ampliemos nuestro vocabulario. Empareja cada palabra o frase con su definición.

1. _____ el desarrollo   a. un buen resultado
2. _____ corriente   b. aceptar con resignación algo difícil o doloroso
3. _____ sufrir   c. concepto de belleza
4. _____ la similitud   d. movimiento, tendencia
5. _____ la estética   e. la persona que compra
6. _____ el consumidor   f. obsesión por la perfección física
7. _____ el éxito   g. semejanza, analogía
8. _____ el culto al cuerpo   h. crecimiento o progreso

Masculinidad

El documental analiza el origen y desarrollo de una corriente° que marca la nueva imagen de masculinidad del hombre del siglo XXI   *trend*

Metrosexual, el nuevo hombre, es el título del documental que Canal + estrenará el próximo miércoles 30 de junio, a las 22.00 horas, y en el que se analiza el origen y desarrollo de esta nueva corriente que marca la imagen de masculinidad del hombre de hoy. Las cámaras de Canal + acompañan a cuatro hombres en su agridulce° descubrimiento de un mundo donde para estar bello hay que sufrir°. Junto a ello, el reportaje propone una reflexión sobre el alcance sociológico que puede tener esta nueva similitud° de comportamiento entre hombres y mujeres.

   El hombre metrosexual responde a unos patrones muy concretos: vive en

sour
suffer

similarity

una gran ciudad, le interesa más la ropa que los coches, gasta más en cremas que en cervezas, le gusta ir a la peluquería y cuidar su cuerpo….. Alentado° por la estética° homosexual y por las propias mujeres, el hombre heterosexual sale del armario bajo la etiqueta mediática° de metrosexual. Para unos, supone una auténtica revolución social que trae la definitiva igualdad entre sexos; para otros, slo es una operación de marketing que abre al mercado todo un sector virgen de consumidores°.

spurred on
aesthetic
media-driven
consumers

El reportaje de Canal +, obra de la periodista Eva Catalán, investiga el origen de una corriente surgida a mediados de los noventa y recorre los pasos, casuales o no, que han hecho de este fenómeno un éxito mediático. Un recorrido° que termina con la implantación° tímida en España de la que ya se puede denominar° revolución metrosexual, o lo que es lo mismo, esa incorporación reticente pero segura del hombre al mundo de la imagen, de la moda, de la cosmética y la estética.

tour
implementation
to name

El término metrosexual fue creado en 1994 por un escritor inglés para definir irónicamente a ese tipo de hombre producido por la industria del marketing, empeñada en convencernos de que la última revolución sexual, está aquí.

Para muchas empresas la nueva ola supone incremento° de la clientela y, por lo tanto, de las ventas. Para los hombres, el derrumbamiento°, voluntario o no,

increase
fall

de una de las últimas barreras° que los separaban de las mujeres, y del miedo a parecer gays. Para muchas mujeres, la oportunidad de modelar por fin a ese hombre perfecto que comparte tanto interés por la moda como por las tareas domésticas.

wall, barrier

El nuevo hombre metrosexual visita los centros de belleza tanto como los gimnasios, frecuenta los restaurantes buenos y de diseño, sabe de decoración lo mismo que de nuevas tecnologías y sobre todo, consume cosas que los hombres hace unos años ni siquiera sabían que existían. Las firmas de cosmética y de moda se han dado cuenta del filón° que tienen delante y se hacen eco en sus anuncios de una imagen de hombre perfectamente hidratado y depilado como el no va más° del atractivo masculino.

vein, mine

no more bets

Los hombres españoles tienen luz verde para ser presumidos°. Desde los medios de comunicación se anima al heterosexual a seguir los pasos de los homosexuales para entrar en el mundo del cuidado personal y el culto al cuerpo°. Desde la más sencilla de las cremas hidratantes° hasta una depilación integral, el hombre está viviendo una inmersión en los territorios tradicionalmente femeninos de los centros de belleza y las revistas de moda. Mundoplustv.com. Junio 2004.

conceited

body worship
moisturizers

http://www.mundoplus.tv/noticias /?seccion=programacion&id=1100 Accessed 4 Sept. 2012.

Después de leer

2-15 **¿Comprendiste bien?** Indica si las siguientes frases son ciertas (**C**) o falsas (**F**). Si son falsas, corrígelas.

1. El artículo trata sobre un documental dedicado al tema de la masculinidad en el Siglo XXI. _____

2. El autor piensa que la metrosexualidad es simplemente una estrategia para vender cosméticos. _____

3. En España, la metrosexualidad es un fenómeno muy difundido y popular. _____

4. La metrosexualidad ha contribuído a disminuir el miedo de los hombres a parecer gay. _____

5. La característica fundamental del metrosexual es que va mucho al gimnasio. _____

6. Según el autor, el culto al cuerpo era tradicionalmente algo asociado con las mujeres. _____

7. Los hombres españoles están desarrollando nuevos hábitos como resultado de la revolución metrosexual. _____

8. Los hombres españoles siempre han estado interesados en la belleza y la moda. _____

9. El fenómeno metrosexual ha permitido que los hombres españoles sean ahora más presumidos. _____

2-16 **Debates.** Discutan las siguientes preguntas.

1. ¿A qué creen que se debe el que los hombres cada vez se preocupen más por su imagen y utilicen productos de belleza que antes solo se fabricaban para las mujeres?

2. ¿Es muy común entre sus amistades encontrar a metrosexuales? ¿Por qué?

2-17 **Su gente.** Ve el video de Marta y Roberto, donde ellos nos cuentan sobre sus respectivas familias. Después, completa los siguientes cuadros.

 La familia de Marta

Dos datos o características
madre
padre
hermana pequeña
hermana mayor
cuñado
sobrino
perro

 La familia de Roberto

Dos datos o características
padre
madre
hermano mayor
hermano menor
esposa
hijo mayor
hijo menor
hija

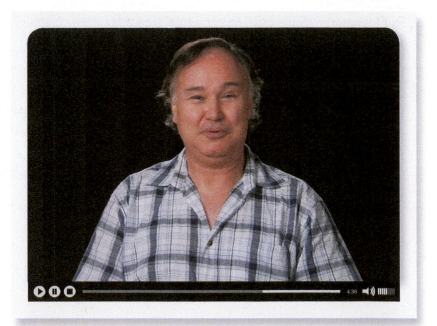

2-18 **Detalles e inferencias.** Ve de nuevo el video de Marta y Roberto, en donde hablan de sus respectivas familias. Entonces, indica si las siguientes frases son ciertas (**C**) o falsas (**F**). Si son falsas, corrígelas.

La familia de Marta

1. La madre de Marta trabaja como secretaria en una corporación. _____

2. El padre de Marta tiene un trabajo estresante. _____

3. La hermana pequeña de Marta estudia Historia del Arte. _____

4. Marta se lleva mejor con su hermana mayor. _____

5. Pedrito es el único sobrino de Marta. _____

6. El perro de Marta se llama Manchas. _____

La familia de Roberto

1. Roberto piensa que sus padres son una pareja dispareja. _____

2. La madre de Roberto es una gran cocinera. _____

3. Roberto se parece mucho a su hermano mayor. _____

4. Roberto está muy orgulloso de sus hijos. _____

5. La hija de Roberto quiere ser maestra como su padre. _____

6. El hijo menor de Roberto es muy fiestero y alegre. _____

2-19 **Dictado.** Ahora, completa cada párrafo con la información que nos proporcionaron Marta y Roberto acerca de sus familias.

MARTA: Luego está mi hermana (1) _____, que se llama (2) _____, y está (3) _____ y tiene un (4) _____. Y mi hermana María se (5) _____ un poco más a mi madre. Tiene el pelo (6) _____, los ojos (7) _____, y es así también más o menos de (8) _____ como yo. Es maestra, y allí en el colegio conoció a Jorge, que es su (9) _____, mi cuñado, que también es muy (10) _____, así… (11) _____.

ROBERTO: Bueno, entonces ahí hemos tenido la gracia de tener hijos muy (1) _____. El mayor, un hombre de (2) _____, un hombre que se ha sabido llevar (3) _____ en la vida. Ahora es un (4) _____ de familia, con una familia muy linda. Siempre ha sido él (5) _____ hacia la familia. Por eso tiene ahora pues dos (6) _____ muy lindas, que están creciendo muy (7) _____, y muy (8) _____, yendo a la escuela y muy (9) _____.

2-20 **Para discutir.** En pequeños grupos, discutan las siguientes preguntas.

1. ¿Cuál familia les parece más interesante?

2. Si pudieran darle un "título descriptivo" a cada familia, ¿cuál sería?

3. ¿A qué familiar de Marta o de Roberto les gustaría conocer? Escojan uno/a y justifiquen su respuesta.

4. Las descripciones que acaban de escuchar son muy diferentes. ¿Cuál(es) de los siguientes factores creen Uds. que influyeron en la manera que Marta y Roberto hicieron sus descripciones? Expliquen su respuesta.

   a. personalidad

   b. sexo

   c. edad

   d. país de origen

   e. todas las anteriores

Análisis del discurso

Como pudiste notar anteriormente, en las descripciones de individuos es frecuente seguir el siguiente patrón:

A. **Generalización:**

Tenemos ahí a mi hermano el mayor, el ejemplo.

B. **Ejemplos que corroboran la generalización:**

Él siempre perfecto, el responsable. Bueno, hay que reconocer que siempre fue un buen estudiante, que siempre se mantuvo en la raya derecha.

Estrategia comunicativa

Los conectores

Para conectar los diferentes aspectos de una descripción, puedes usar palabras como: **también, y, además, por ejemplo.**

*Mi hermano Francisco es muy intelectual. Siempre está leyendo **y** discutiendo temas importantes. **Además** le encanta todo tipo de actividades culturales como los conciertos, las exhibiciones de arte **y** desde luego **también** los museos.*

2-21 La familia de Juanita. Empareja las siguientes generalizaciones, con los ejemplos que las podrían confirmar.

Generalizaciones	**Evidencia**
1. _____ Mi madre es una mujer muy trabajadora.	a. Le encanta la música, la pintura y siempre está leyendo poesía.
2. _____ Mi hermanito Julián no es muy diligente.	b. Todos los días se levanta muy temprano para ir a su oficina, y muchas veces tiene que asistir a reuniones los fines de semana.
3. _____ Mi padre es bastante estricto.	c. No permite ruidos en la casa después de las diez de la noche, ni tampoco tolera el desorden en nuestras habitaciones.
4. _____ Mi hermana mayor es muy artística.	d. Pasa todo el tiempo jugando en el ordenador, y casi nunca estudia.

2-22 Los miembros de la familia de mi compañero/a. Usa los datos de la actividad **2-10** para escribir una breve descripción de la familia de uno de tus compañeros/as. Concéntrate en usar los conectores más apropiados.

Nota: Los estudiantes en programas de estudio en el extranjero pueden optar por ampliar sus respuestas a la actividad **2-11**.

Modelo: *Mi compañero tiene una familia muy interesante. Primero que todo, su padre se llama Juan. Él es alto, moreno y también muy simpático (aunque a veces es un poco estricto). A los dos les gustan los deportes y les encanta cocinar platos italianos. Después tenemos a su madre que se llama…*

2-23 Los miembros de mi familia. Tomen turnos describiendo en detalle a diferentes miembros de su familia. Mientras un estudiante hace su descripción, el otro cuenta los detalles proporcionados. Tiempo límite: 1 minuto. **Nota:** Deben usar los conectores apropiados.

A. Comparativos y superlativos

Recuerda que para comparar cualidades o cantidades usamos:

más **menos**	adjetivo adverbio sustantivo	**que**

Mi hermano Pedro es **más** atlético **que** yo, pero **menos** artístico **que** mi hermana Mercedes.

«… le interesa **más** la ropa **que** los coches, gasta **más** en cremas **que** en cervezas.»

Casos especiales: **mejor**, **peor**, **mayor**, **menor**

Mi hermana Mercedes es **menor que** yo.

Si lo que comparamos son acciones o condiciones, la fórmula es:

verbo	**más** **menos**	**que**

Pedro estudia **más que** Mercedes, pero mucho **menos que** el primo Ramón.

Si queremos establecer similitudes, usamos:

igual de	adjetivo	**que**
tan	adjetivo adverbio	**como**
tanto/s, tanta/s (cantidad)	sustantivo	**como**

Esteban es **igual de** alto **que** mi papá.

Mi papá es **tan** simpático **como** mi mamá.

Mi tío Andrés tiene **tantos** hijos **como** mi tío Francisco.

Y para indicar similitudes en acciones o condiciones:

verbo	**igual que** **tanto como** *(cantidad)*	sustantivo

Mi hermano estudia y se divierte **tanto como** yo.

Mi papá habla **igual que** mi tío Rogelio.

«…ese hombre perfecto que comparte **tanto** interés por la moda **como** por las tareas domésticas. »

Si queremos indicar que una cosa sobresale del resto, la fórmula a seguir es la siguiente:

	Opcional			Opcional
el/la/los/las	sustantivo	**más/menos**	adjetivo	**de** (categoría) **que** (frase)

Mi hermano Pedro es **el más** estudioso **de** la familia. También creo que es **el** muchacho **más** amable **que** conozco y **el más** simpático.

2-24 **Comparaciones.** ¿Recuerdas a Don José y a su nieta Adriana (actividad **2-1**)? Observa de nuevo sus fotografías y compáralos. Asegúrate de indicar por lo menos tres diferencias y tres similitudes.

Don José	Adriana (la nieta de Don José)

Diferencias	Similitudes

2-25 **Personajes de actualidad.** Tomen turnos para comparar a personajes famosos. Un estudiante indica los nombres de los personajes, y el otro hace las comparaciones correspondientes. Tiempo límite: 1 minuto.

Modelos: E1: *Selena Gómez y Shakira*
E2: *En mi opinión, Selena Gómez es mejor cantante que Shakira. Aunque Shakira ha vendido más discos, creo que la voz de Selena es mejor, y sus canciones me encantan. Selena es mucho menor que Shakira, así que en el futuro, seguramente ella tendrá tanto éxito como Shakira.*

2-26 **La vida de hoy y la de antes.** ¿Cómo crees que Don José describiría el mundo en el que está creciendo su nieta? Prepara un párrafo breve.

Modelo: *Hoy en día hay más tecnología, pero la gente tiene menos tiempo para compartir. También...*

2-27 **Para estudiantes en el extranjero.** Entrevisten a personas mayores de su familia anfitriona y averigüen cuánto ha cambiado su pueblo o ciudad en los últimos diez años.

B. **El presente de indicativo**

El presente de indicativo se usa para hablar de acciones habituales.

En casa todos tenemos rutinas diferentes. Por ejemplo yo **estudio** por la mañana y **trabajo** por la tarde, pero mi hermana **trabaja** todo el día.

«El nuevo hombre metrosexual **visita** los centros de belleza tanto como los gimnasios, **frecuenta** los restaurantes buenos y de diseño, **sabe** de decoración lo mismo que de nuevas tecnologías y sobre todo, **consume** cosas que los hombres hace unos años ni siquiera sabían que existían.»

Muchas de las actividades diarias requieren construcciones reflexivas, lo que significa que tenemos que usar los pronombres de objeto indirecto (**me, te, se, nos, os, se**) para su conjugación:

Me levanto temprano. Inmediatamente **me** baño y **me** visto. Luego desayuno y **me** voy a la escuela.

Nota: Recuerda que en español se usan los artículos definidos (**el, la, los, las**) para referirnos a las partes del cuerpo en construcciones reflexivas:

Mi hermano usualmente se afeita **la** barba por las mañanas.

Mis hijos siempre se lavan **las** manos antes de comer.

Los siguientes verbos tienen alteraciones vocálicas en la raíz (excepto en "nosotros" y "vosotros"):

e → ie: **querer**

yo qu**i**ero	nosotros/as queremos
tú qu**i**eres	vosotros queréis
el/ella/Uds. qu**i**ere	ellos/ellas/ustedes qu**i**eren

Otros verbos: cerrar, comenzar, entender, pensar, preferir, sentir

o → ue: **dormir**

d**ue**rmo	dormimos
d**ue**rmes	dormis
d**ue**rme	d**ue**rmen

Otros verbos: costar, doler, encontrar, morir, poder, recordar, volver

u → ue: **jugar**

j**ue**go	jugamos
j**ue**gas	jugáis
j**ue**ga	j**ue**gan

e → i: **competir**

comp**i**to	competimos
comp**i**tes	competís
comp**i**te	comp**i**ten

Otros verbos: impedir, pedir, repetir, seguir, sonreír

Nunca **puedo** dormir durante el día. **Prefiero** dormir en la noche.

Los siguientes verbos sufren cambios en la primera persona solamente:

-g	caer (caigo), hacer (hago), poner (pongo), salir (salgo), traer (traigo)
-zco	agradecer (agradezco), conducir (conduzco), conocer (conozco), introducir (introduzco), producir (produzco), traducir (traduzco)
-nzo	convencer (convenzo)
	ver (veo), dar (doy), saber (sé), caber (quepo)

En el invierno, cuando **salgo** de casa, por lo general me **pongo** un abrigo.

Verbos con múltiples alteraciones vocálicas son:

ser: soy, eres, es…

decir: digo, dices, dice…

estar: estoy, estás, está…

tener: tengo, tienes, tiene…

oír: oigo, oyes, oye…

venir: vengo, vienes, viene…

2-28 **Horarios diferentes.** Con un/a compañero/a tomen turnos haciendo y respondiendo preguntas sobre su rutina diaria. Al terminar, comparen sus respuestas y preparen un breve reporte sobre las cosas que tienen en común y las que son diferentes.

Modelos: E1: *¿A qué hora te levantas?*
E2: *Me levanto a las siete, ¿y tú?*
E3: *Bueno, yo me levanto más tarde, a eso de las ocho.*
  ¿Y qué haces después?
E4: *Pues, usualmente…*

 2-29 **Pasatiempos.** Hazle varias preguntas a tu compañero/a para saber más sobre su pasatiempo favorito. Usa la siguiente tabla como guía y prepárate para presentar un resumen de sus respuestas al resto de la clase.

Pasatiempo	Dónde lo realiza	Cuándo	Equipo necesario	¿Por qué le gusta tanto?

2-30 **La persona más apropiada sería...** Si tu compañero/a estuviera buscando un/a compañero/a de piso, ¿a quién le recomendarías? Averigua sus preferencias, y luego recomiéndale una de las siguientes personas.

¿Necesita un compañero de piso? Soy estudiante de postgrado y necesito un lugar tranquilo y cómodo. No me gustan los animales y no soporto a los fumadores. Favor de ponerse en contacto con Daniel, anuncio # 435.

Busco compañera de piso. Soy muy sociable y me encanta tener visitas. Busco preferiblemente una persona sociable y flexible. Mi casa está a cinco minutos a pie de la universidad. Comuníquese con Marta, anuncio # 436.

Busco compañero de piso que sea ordenado. Se aceptan estudiantes, pero deben ser serios y responsables. Interesados, favor comunicarse con Juan, anuncio # 437.

Necesito compañera de piso. Prefiero una chica joven y activa como yo. Si le gustan los deportes, mejor, porque a mi novio le encanta ver partidos de fútbol en la tele. Llamar a Margarita, anuncio # 438.

Modelo: *Creo que la persona más apropiada para ti sería la del anuncio # _____ porque....*

 C. **Verbos como** *gustar*

Para expresar gustos y preferencias, es común usar el verbo **gustar**:

A mi hermana, **le** gustan los dulces, pero a mí **me** gusta el helado.

Persona afectada *(opcional)*	Pronombre de objeto indirecto (la persona afectada)	Verbo	Sujeto (lo que causa el efecto)
A ____	me, te, le, nos, os, les	gusta (singular) gustan (plural)	el helado los dulces

Otros verbos como **apetecer, doler, encantar, interesar, molestar y preocupar** se conjugan de una manera similar:

A mi abuelo **le** encanta**n** los postres.

Me preocupa que mi primo no tenga un trabajo en este momento.

«El hombre metrosexual responde a unos patrones muy concretos: vive en una gran ciudad, **le interesa** más la ropa que los coches, gasta más en cremas que en cervezas, **le gusta** ir a la peluquería y cuidar su cuerpo… »

2-31 **Las actividades diarias.** Responde a las preguntas, compara tus respuestas con las de otro/a compañero/a, y juntos preparen un reporte sobre lo que tienen en común.

Modelos: E1: *A mí, lo que más me gusta hacer es estudiar, y ¿a ti?*
E2: *Bueno, yo prefiero hacer ejercicio.*

1. ¿Qué es lo que más te gusta hacer cada día?
2. ¿A qué actividad le dedicas más tiempo?
3. ¿Qué es algo que nunca haces por la mañana?
4. ¿Qué acostumbras hacer al medio día?
5. ¿Cuánto tiempo pasas con tus amigos/as?
6. ¿Cuál es la actividad que más tratas de evitar?

Reporte: *A nosotros nos gusta…, pero no nos gusta… Por las mañanas…*

 2-32 **Para estudiantes en el extranjero.** Discutan y comparen sus actividades diarias en el país anfitrión. ¿Son similares o diferentes a las que realizan usualmente en Estados Unidos?

2-33 **¿Cómo es tu gente?** Prepara una lista de lo que te gustaría que supiéramos sobre los gustos y preferencias de diferentes miembros de tu familia.

Modelo: *A mi padre le encanta pescar, pero a mi madre le gusta leer y hacer yoga. A mi hermana...*

2-34 **Para conocerte mejor…** Prepara una serie de preguntas para familiarizarte con algunos de los gustos y preferencias de un/a compañero/a. Luego, de entrevistarlo/a, prepara un breve resumen de sus respuestas.

Modelo: E1: *¿Te gusta la comida italiana?, ¿Qué deportes practicas?…*

Reporte: *A mi compañero le gusta…, pero no le gusta…*
Prefiere… y …
También le encanta…

Comida	Deportes	Diversión

A. El pronombre neutro *lo*

El pronombre neutro **lo** se usa con adjetivos y adverbios para hacer abstracciones.

> **Lo** mejor de mi familia es su buen humor.

> **Lo** verdaderamente triste, es que no puedo visitarlos con mucha frecuencia porque viven lejos.

También se usa el pronombre neutro **lo** para evitar redundancias cuando el objeto o la idea están que claramente establecidos. Observa los siguientes ejemplos:

> Juanita: Mis tíos van a venir a mi fiesta de graduación.

> Ana: ¿En serio? ¿Cuándo **lo** supiste?

> «Un recorrido que termina con la implantación tímida en España de la que ya se puede denominar revolución metrosexual, o **lo** que es **lo** mismo, esa incorporación reticente pero segura del hombre al mundo de la imagen, de la moda, de la cosmética y la estética.»

En el caso de cláusulas subordinadas, se usa **lo cual** para conectar lógicamente el antecedente y su explicación.

> Mis abuelos son mayores, **lo cual** explica sus problemas de salud.

2-35 Una latina destacada. Completa el párrafo con el pronombre adecuado.

Sonia Sotomayor es una latina muy destacada en Estados Unidos. (1) Lo/La más interesante de su historia es que comienza en un humilde barrio neoyorquino del Bronx, (2) lo/la cual no le impidió acabar su licenciatura *Summa cum laude* en la universidad de Princeton. (3) Lo/La que mucha gente no sabe es que Sonia quería ser detective, pero cambió de idea cuando (4) le/lo diagnosticaron diabetes y se matriculó en la escuela de derecho de Yale. Al finalizar su carrera, utilizó todo (5) el/lo aprendido anteriormente en el sector privado, donde mejoró su conocimiento de las leyes, y (6) lo/la aplicó cuando llegó a la Corte Judicial del Distrito Sur en 1992. Con solo 30 años, fue (7) la/lo más joven en ocupar ese cargo, y todavía hoy sigue haciendo historia tanto por su trabajo en el Tribunal Supremo como por todo su esfuerzo en proyectos con las comunidades de personas desfavorecidas.

2-36 **Tu personaje favorito.** Discute con un/a compañero/a las razones por las que admiras a un personaje destacado en la actualidad (puede ser en la política, los deportes, la farándula, etc.). Trata de usar el pronombre neutro "lo" en tus respuestas cuando sea pertinente. Usa las siguientes preguntas como guía.

1. ¿Quién es tu personaje favorito?
2. ¿Cuándo supiste por primera vez de la existencia de esta persona?
3. ¿Por qué es famoso/a?
4. ¿Qué parecidos tienes con esa persona?
5. ¿Qué te gustaría imitar de él o ella?
6. ¿Qué le dirías si lo/la conocieras en persona?

 B. **Los pronombres relativos**

Funciones	1. Hacen referencia a un nombre que aparece delante (el antecedente).

        Ejemplo: Mi hermana, **que** es muy simpática, vive en California (Antecedente = mi hermana).

    2. Sirven como enlace para conectar dos oraciones: la oración principal y la oración subordinada.

        Ejemplos: Mi hermana, **que** es muy simpática, vive en California.
                  Oración principal: Mi hermana vive en California.
                  Oración subordinada: **que** es muy simpática

Tipos   1. **Que:** se utiliza para referirnos a objetos, animales y personas.

        Ejemplos: Mi hermana, **que** es muy simpática, vive en California.
                  Mi gato, **que** es muy travieso, tiene ya ocho años.
                  Mis zapatillas, **que** fueron un regalo de mi abuelo, son de muy buena calidad.

    2. **Quien/quienes:** se utiliza para referirnos a personas.

        Ejemplos: Juan Pérez, **quien** ha sido gerente general de esta compañía por diez años, estudió en la Universidad Nacional.
                  La Presidenta de la República, **quien** fue elegida por voto popular el año pasado, presentó hoy su nuevo plan económico para el país.

    3. **Quien/quienes** frecuentemente va precedido de una preposición.

        Ejemplos: La amiga **para quien** compré este disco es una gran aficionada al jazz.
                  El hombre **a quien** escribo todos los meses una carta es mi tío.
                  La persona **con quien** trabajo es muy profesional.

Nota: En los casos en los que el relativo **quien** aparece precedido de una preposición, este puede reemplazarse por:

1. **La que/el que**, en función de si el antecedente al que hacen referencia es masculino o femenino.

   Ejemplos: La amiga **a la que** compré este disco es una gran aficionada al jazz.
   El hombre **al (a + el) que** escribo todos los meses una carta es mi tío.
   La persona **con la que** trabajo es muy profesional.

2. **El cual/la cual,** en función de si el antecedente al que hacen referencia es masculino o femenino. **OJO,** el uso de **cual** ES MENOS COMÚN, sobre todo en contextos formales.

   Ejemplos: La amiga **a la cual** compré este disco es una gran aficionada al jazz.
   El hombre **al (a + el) cual** escribo todos los meses una carta es mi tío.
   La persona **con la cual** trabajo es muy profesional.

Uso

1. **Uso explicativo:** aporta información adicional al antecedente, sin que esta información sea necesaria para saber a quién o qué nos referimos. En este caso, la oración subordinada, SIEMPRE va entre comas.

   Ejemplos: Mi gato, **que es muy travieso**, tiene ya ocho años (si omitimos la oración subordinada **que es muy travieso**, la oración principal es comprensible).

2. **Uso contrastivo:** aporta información necesaria para la comprensión del antecedente al que se hace referencia. NUNCA va entre comas.

   Ejemplo: El coche **que viste ayer** es de mi hermano (si no aportamos la oración de relativo **que viste ayer** no sabemos a qué coche se hace referencia).

2-37 **Un latino destacado.** Combina las siguientes frases de la biografía del futbolista argentino Lionel (Leo) Messi.

1. Leo Messi nació en Rosario, Argentina en 1987. Messi comenzó a jugar futbol en Rosario desde una muy temprana edad.

2. Messi fue identificado por el FC Barcelona a los 13 años. Messi se trasladó a Europa con su familia.

3. Leo Messi juega como delantero en el FC Barcelona. Messi es considerado en este momento como el mejor futbolista del mundo.

4. Messi hizo su debut a los 16 años con el equipo catalán. Messi ha tenido una brillante carrera como goleador.

5. Leo Messi ha ganado un número de premios sin precedente en la historia del fútbol (entre ellos varias "Botas de Oro", múltiples "Balones de Oro" y aun el *Récord Guinnes* por mayor número de goles anotados en un campeonato oficial). Messi es también capitán de la selección argentina.

2-38 **Tu héroe personal.** Haz una pequeña composición sobre un familiar, un amigo o un conocido tuyo que te inspire respeto o admiración. Usa los pronombres relativos para coordinar frases relacionadas.

Modelo: *La Sra. McCormick, quien siempre ha sido una gran inspiración para mí, fue mi profesora de quinto grado. Su trabajo, cuyo valor aprecio más y más cada día, ha tenido un gran impacto no solamente en mi vida, sino también en la vida de…*

La *r* doble y sencilla

En inglés no existe la doble **r**, y por consiguiente, este es uno de los sonidos más difíciles para los que estudian la lengua española. La fuerte vibración de la **r** ocurre en posición inicial (representada con una **r** simple), y dentro de palabra (representada por **rr**). Observa los siguientes ejemplos:

reservado	ca**rr**o
rubia	pe**rr**o
Ramiro	guita**rr**a
raya	co**rr**ecto
raro	co**rr**iente
realización personal	desa**rr**ollo

En posición no-inicial, el sonido de la **r** española, es similar a la **d** intervocálica inglesa:

Inglés	Español
me**d**al	pe**r**o
tu**d**or	ca**r**o
	prime**r**o
	aspi**r**ación
	ca**r**iñoso

En posición final, la **r** española **no** se hace alveolar como en inglés, sino que mantiene su carácter vibrante (como si hubiese una vocal invisible al final de la palabra).

Inglés	Español	"Truco"
performe**r**	canta**r**	cantar(e)
	escribi**r**	escribir(e)
	morde**r**	morder(e)
	sufri**r**	sufrir(e)
	alcanza**r**	alcanzar(e)

Nota: Recuerda que en español, la combinación de consonantes **tr** y **dr** no resulta en un sonido explosivo como en inglés. De nuevo, el "truco" es imaginar una vocal invisible (y muy breve) entre la **t** (o la **d**) y la **r** para obtener una pronunciación más correcta de estas consonantes.

Inglés	Español	"Truco"
traffic	**tr**abajo	**t(a)ra**bajo
An**dr**ew	pa**dr**e	pa**d(a)re**
	me**tr**o	me**t(e)ro**
	cua**dr**a	cua**d(e)r**a
	hi**dr**atante	
	ex**tr**overtido	
	travieso	

Ahora, en voz alta pronuncia las letras **r** y **rr** en diferentes contextos, mientras que lees las siguientes frases.

1. Mi familia la forma mi madre, mi padre, mi hermana mayor, mi hermana pequeña, mis abuelos, y nuestro perro, que lo quiero tanto que es uno más de la familia.

2. Y mi hermana María se parece un poco más a mi madre. Tiene el pelo rubio, los ojos claros, y es así también más o menos de alta como yo.

3. Hemos tenido la gracia de tener hijos muy lindos. El mayor, es un hombre de carácter, un hombre que se ha sabido llevar correctamente en la vida.

4. Tenemos ahí a mi hermano el mayor, el ejemplo. Él siempre perfecto, el responsable. Bueno, hay que reconocer que siempre fue un buen estudiante, que siempre se mantuvo en la raya derecha.

Antes de leer

2-39 **Para discutir.** ¿Existe hoy en día un modelo de "familia ideal" en Estados Unidos? Discutan esta pregunta en grupos y no se olviden de dar ejemplos concretos para sustentar sus opiniones.

2-40 **Ampliemos nuestro vocabulario.** Usa tu diccionario o tu buscador preferido en Internet para investigar el significado de las siguientes palabras. Asegúrate de explicar cada una de ellas con tus propias palabras.

1. apartarse _____

2. la incertidumbre _____

3. la filiación _____

4. el protagonismo _____

5. la novedad _____

6. los valores _____

7. el vínculo _____

8. tambalear _____

2-41 **Aplicación.** Crea frases lógicas sobre las familias contemporáneas con las siguientes palabras:

1. filiación/valores _____

2. protagonismo/tambalear _____

3. novedad/vínculo _____

4. apartarse/incertidumbre _____

La familia **del nuevo siglo**
se aparta de las formas tradicionales

Existen nuevos modelos vinculares

Una mujer busca un amante ocasional para tener un hijo. Una pareja homosexual adopta otro. Los tuyos, los míos y los nuestros forman familias diferentes. Pedacitos de un mosaico, las configuraciones vinculares actuales fueron descifradas en el II Congreso Argentino de Psicoanálisis de Familia y Pareja, que acaba de finalizar en Buenos Aires.

full member   Hugo Bianchi, secretario de esa reunión científica, miembro titular° en función didáctica de la Asociación Psicoanalítica Argentina y miembro de la International Psychoanalysis Association, afirmó: "Hay una crisis de los sistemas teóricos, muchas de las cosas que se pensaban hace quince años han cambiado".

La complejidad del tema demanda una mirada interdisciplinaria y es por eso que participaron del debate psicoanalítico tanto médicos como sociólogos y comunicólogos.

"Hace un tiempo, en los cines argentinos no se comía pochoclo°; tampoco consumíamos fruta fuera de estación. La globalización no es solo económica, sino también cultural. Se importan costumbres y también modelos de familia y pareja", dijo el especialista.

popcorn

–Doctor Bianchi, ¿qué cambios sufrió la pareja en los últimos años?

–Hoy empieza a aparecer una sexualidad muy diversa, que no se reduce a hombres y mujeres. Esta diversidad existía antes, pero ahora está al descubierto. A la vez hay una caída del deseo sexual, y esto no es indiferente a la difusión de la pornografía, que inhibe la sexualidad. Por otra parte, muchas parejas se plantean un proyecto de convivencia temporaria y no piensan en "para toda la vida", aunque después funcione de este modo.

–¿Y a la hora de formar una familia?

–Se contemplan diversas formas de familia. Vemos a través de los medios la formación de parejas con fines distintos a los del amor. Observamos parejas homosexuales que quieren un hijo, y cuyos derechos ya están legalizados en varios países. También hay leyes sobre el derecho de los hijos a conocer su origen.

–Hay hombres y mujeres que tienen hijos sin formar una pareja…

–Si. Vemos en los diarios y revistas los deseos de filiación de una persona sola. La familia tradicional era la que pensaba en la pareja primero y en la familia después. Esto está cambiando: si por un lado los índices de natalidad decrecen porque la filiación se vuelve menos deseable, por otro lado hay gente que desea tener un hijo sin formar una familia tradicional. Lo que nos preocupa es entender en qué lugar aparece el individuo en estos vínculos, ya que los cambios culturales generan incertidumbre y sufrimiento.

–¿Cómo influye en el ámbito° familiar el envejecimiento de la población?

realm

–En Buenos Aires, especialmente en la clase media, es difícil que se tengan hijos antes de que la madre cumpla treinta años. Esto ocurre por el mayor protagonismo de la mujer en el mercado laboral, el querer estar más seguras del vínculo que están formando, el hecho de que los hijos no representan algunos de los valores que tenían en otra época. La homosexualidad y un mayor sentimiento de la importancia de uno mismo (egoísmo) son otros aspectos condicionantes.

–¿La violencia familiar está aumentando?

–La violencia en relación con el niño es un tema grave, que a veces lleva a la muerte de los bebes. Tiene distintas manifestaciones –sexual, agresiones físicas contra madres e hijos, la relacionada con el sida y las drogas– y los juzgados de familia° derivan cada vez más casos a los centros de salud mental, que están saturados.

family court

–¿Qué aspectos pueden destacarse sobre el rol actual de los hijos?

–Son la fuente de información considerada útil, cuando antes lo eran los padres y los abuelos; es decir, quienes tenían el conocimiento sobre lo vivido. La novedad ingresa en la familia a través de los hijos, los jóvenes manejan la tecnología y los padres valoran esto. De todos modos, la información en sí misma no tiene una utilidad en términos de orientación. Para que alguien esté orientado debe contar con una escala de valores y tener proyectos. Si esto falla, se produce lo que se llama la clínica del vacío, la pérdida de ideales, de proyectos, la enfermedad corporal sustituyendo a la preocupación, y hasta el suicidio en adolescentes.

–¿Hay más contacto físico entre padres e hijos?

get involved —Los padres jóvenes que intervienen más en el cuerpo del hijo, lo abrazan
support cariñosamente, se involucran° más en la maternidad y no se limitan a ser los proveedores de las reglas y el sostén° económico.

–¿Cómo ve el futuro de la familia?

No turning back —No habrá vuelta atrás°, aumentarán la familias monoparentales y se profundizará la tendencia hacia la libertad y la diversidad sexual, al pensamiento individualista, al rol protagónico de la mujer y al uso de tecnologías de fertilización asistida. Ojalá baje la violencia, se recuperen los lazos solidarios y se equilibren los roles entre el hombre y la mujer. Aunque es muy injusto culpar a la familia de todos sus problemas actuales; muchos de ellos la exceden y sus soluciones requieren el apoyo del Estado.

Vínculos que tambalean

Consultas: en los últimos años, las preocupaciones y los problemas de las parejas y las familias han cambiado. Según los especialistas, aumentaron las consultas.

Hijos: en torno de ellos giran algunas de las principales preocupaciones, como la posibilidad de que sean adictos o tengan problemas de delincuencia.

Pareja: entre los temas más frecuentes de consulta se encuentran el crecimiento
uneven/spouses desparejo° de los cónyuges°, la falta de amor, los celos, el descenso del deseo sexual o el planteo de separación.

Violencia: el ejercicio de la violencia en la pareja o en el ámbito familiar es uno de los problemas actuales que más preocupan a los especialistas.

Por Mariana Nirino Para La Nación

http://www.lanacion.com.ar/303188-la-familia-del-nuevosiglo-se-aparta-de-lasformas-tradicionales

Después de leer

2-42 **Exploremos el texto.**

1. ¿Cuál es la idea central del artículo?

    a. La familia argentina sigue pautas tradicionales.

    b. La familia argentina está cambiando.

    c. La familia argentina está en crisis.

2. Explica brevemente los siguientes conceptos.

    a. configuraciones vinculares

    b. deseos de filiación

    c. indice de natalidad

    d. envejecimiento de la población

    e. escala de valores

    f. familias monoparentales

    g. lazos solidarios

3. Resume los cambios que están teniendo lugar en Argentina en los siguientes aspectos de la vida familiar.

    a. matrimonio

    b. hijos

    b. rol de la mujer

    c. rol del hombre

4. **¿Cierto o falso?** Indica si las siguientes frases son ciertas (**C**) o falsas (**F**). Si son falsas, corrígelas.

    a. El fenómeno de la globalización cultural explica la aparición de nuevos modelos de familia en la sociedad Argentina. _____

    b. Los padres Argentinos son simplemente proveedores y no tienen mucho contacto físico con sus hijos. _____

    c. El consumo excesivo de alcohol entre los jóvenes es uno de los temas que más preocupa a los padres de familia argentinos. _____

    d. Todos los problemas de la sociedad argentina tienen su origen en la familia. _____

5. **Para discutir.** En grupos discutan la siguiente pregunta. ¿Es la situación de la familia argentina similar o diferente a la de Estados Unidos? Expliquen y justifiquen su respuesta.

2-43 **Proyecto audiovisual.** Preséntanos a tu gente (tu familia, tu pareja, tus amigos…). Muéstranos sus fotos, describe lo que no se pueda ver a simple vista, y sobre todo, explica por qué son importantes para ti.

Nota: Los estudiantes en programas de estudio en el extranjero pueden optar por describir en detalle a los diferentes miembros de su familia anfitriona.

 Después de preparar un borrador de tu presentación (tiempo límite: 5 minutos), pídele crítica constructiva a un/a compañero/a. Este/a compañero/a va a escuchar y a criticar tu presentación usando la siguiente lista de verificación y rúbrica.

Lista de verificación

¿Describió por lo menos a dos personas?	Sí	No
¿Habló de su apariencia física y su personalidad?	Sí	No
¿Dio información sobre sus actividades y preferencias?	Sí	No
¿Explicó por qué son importantes en su vida?	Sí	No

Rúbrica

	Excelente	Bien	Aceptable	Deficiente
Contenido				
Claridad de la presentación				
Fluidez				
Uso de la estrategia comunicativa: Los conectores				

Después de escuchar las críticas que te ha hecho tu compañero/a, prepara la versión final de tu presentación.

Sustantivos

la corriente	*trend*	la incertidumbre	*uncertainty*
el culto al cuerpo	*body worship*	la novedad	*novelty, change*
el desarrollo	*development*	el protagonismo	*prominence, importance*
el éxito	*success*		
la filiación	*paternity*	el vínculo	*bond, tie, link*

Adjetivos

agridulce	*sour*	lacio	*straight (hair)*
amable	*kind*	malhumorado/a	*grumpy*
alegre	*cheerful*	mandón/a	*bossy*
alentado/a	*spurred on*	orgulloso/a	*proud*
calvo/a	*bald*	peludo/a	*hairy*
cariñoso/a	*loving*	perezoso/a	*lazy*
castigado/a	*punished*	presumido/a	*conceited*
cobarde	*coward*	protagónico	*leading (role)*
comprensivo/a	*understanding*	prudente	*prudent*
corajudo/a	*courageous*	raro/a	*rare*
cuidadoso/a	*careful*	reticente	*reticent*
dador/a	*giver*	simpático	*sympathetic, likeable, pleasant*
débil	*weak*		
desparejo	*uneven*	soso	*insipid*
despistado/a	*absentminded*	tacaño/a	*stingy*
exigente	*demanding*	terco	*stubborn*
fuerte	*strong*	tieso	*rigid*
gracioso/a	*funny, charming*	torpe	*clumsy*
grosero/a	*rude*	trabajador/a	*hard-working*
gruñón	*grumpy*	travieso/a	*playful*
hablador/a	*talkative*	vago/a	*slacker*
hidratante	*moisturizing*	valiente	*brave*
iracundo/a	*irate*		

Verbos

apartarse	*to separate, to detach oneself*	sufrir	*to suffer, endure*
		tambalear	*to wobble, stagger*

OBJETIVOS COMUNICATIVOS

En este capítulo podrás

■ narrar y describir eventos del pasado.

■ contar historias de una manera clara y coherente.

■ discutir eventos importantes que hayan tenido lugar en tu vida.

■ pronunciar apropiadamente las consonantes *t* y *d*.

■ discutir eventos de interés en varios países de habla hispana.

3-1 **Momentos importantes.** Con un/a compañero/a, hagan una lista de palabras asociadas con los siguientes eventos memorables en la vida de una persona. Tiempo límite: dos minutos.

Graduación de un programa académico	Cuando pienso en la graduación de un programa académico, pienso en *un diploma*, *una ceremonia* y *varios discursos*. También pienso en…
El comienzo de una nueva relación de pareja	
Una mudanza	
La contratación a un nuevo empleo	
Un éxito deportivo	

|e| **3-2** **Definiciones.** Empareja cada palabra con su definición y forma frases con estas palabras para hablar de algún triunfo que hayas tenido en tu vida.

1. _____ la aprensión
2. _____ el triunfo
3. _____ el reto
4. _____ la suerte
5. _____ aprovechar
6. _____ vencer

a. éxito, logro o resultado muy satisfactorio
b. afrontar y superar con éxito un obstáculo
c. miedo infundado a algún peligro
d. objetivo difícil de conseguir en el que se pone mucho empeño
e. azar, fortuna
f. hacer buen uso de una cosa

3-3 **Antónimos.** Escribe las palabras opuestas y úsalas para hablar de algún momento difícil que hayas vivido.

1. feliz _____
2. orgulloso _____
3. preocupado _____
4. nervioso _____
5. confiado _____

3-4 **¡Por fin llegó!** Completa el párrafo con las palabras más apropiadas del cuadro.

aprensión	aprovechar	logro	nerviosa
orgullosa	reto	suerte	vencer

Para mí, uno de los momentos más importante de mi vida fue cuando recibí la carta de aceptación a esta universidad. Después de mandar mi solicitud, esperé con mucha (1) _____ una respuesta por varias semanas. Estaba muy (2) _____, porque no sabía si mis notas iban a ser suficientes para lograr la admisión, pero confiaba tener (3) _____. Una mañana vi la carta de la universidad en el buzón. La abrí inmediatamente y vi que había sido aceptada. Me alegré muchísimo al ver las buenas noticias. Estoy muy (4) _____ de este (5) _____, y me siento muy feliz de estar aquí. Ahora, quiero (6) _____ esta oportunidad y sacar excelentes notas para enfrentar mi nuevo (7) _____ : la escuela de Medicina.

3-5 **Un evento importante.** Prepara una breve presentación (tres minutos máximo) acerca de uno de los eventos más importantes de tu vida. Asegúrate de incluir la siguiente información.

1. cuándo tuvo lugar ese evento
2. dónde sucedió
3. qué pasó
4. por qué fue tan importante

Al terminar tu presentación, tus compañeros te harán algunas preguntas para obtener más información sobre ese evento.

3-6 **Las noticias.** Consulta un periódico hispano en Internet y presenta en clase un resumen de la noticia más importante del momento en el país donde se publica ese diario. Asegúrate de incluir la siguiente información.

1. ¿Qué pasó?
2. ¿Cuándo?
3. ¿Dónde?
4. ¿Quiénes estuvieron involucrados en la noticia? (Menciona los protagonistas del evento y danos un poco de información acerca de ellos).
5. Explica la importancia del evento.

Nota: Los estudiantes en programas de estudio en el extranjero deben hacer esta reseña sobre uno de los diarios del país donde se encuentran.

Antes de leer

 3-7 **Para discutir.** Piensa en tu tradición familiar favorita y explícale a tu compañero/a qué hacen, cómo la celebran, con quién, etc.

 3-8 **Ampliemos nuestro vocabulario.** Empareja cada palabra o frase con su definición.

1. _____ tradición
2. _____ extinción
3. _____ desplazado
4. _____ típico
5. _____ esencia
6. _____ desgracia
7. _____ tener que ver

a. lo más importante o característico de una cosa
b. que se ha movido o reemplazado
c. tener una conexión o relación
d. tragedia, algo que causa tristeza
e. que se termina o desaparece gradualmente
f. característico de un país o región
g. ideas o costumbres que se pasan de generación en generación

Tradiciones en
peligro de extinción

En estas fechas navideñas es más fácil ver coches decorados con Santa Claus que ver grupos de jóvenes en **procesión**, pidiendo fruta y dulces de puerta en puerta mientras cantan villancicos. Igual sucede con las tradiciones del Día de Muertos, que han sido paulatinamente desplazadas° por las de un *Halloween* que no pertenece a nuestra cultura. La llegada a México de costumbres y productos extranjeros pone en peligro de extinción a nuestras fiestas, tradiciones y expresiones artísticas.

displaced

Hace algunos años, la gente de varios pueblos en México todavía vestía con la ropa típica de esa región: camisas de manta, sombreros, etcétera. Ahora, estos productos solo se consiguen en mercados y sitios turísticos y en muchos casos, ya no los usan ni las personas que los venden. Tristemente, es común ver que el vendedor de la ropa típica mexicana lleva una camiseta con el logotipo de alguna marca deportiva y una gorra de un equipo de beisbol de Estados Unidos, sin saber lo que significan.

En el Día de Muertos, por ejemplo, es más fácil conseguir una calabaza° que una calavera° de azúcar. Igualmente, es más probable encontrar decoraciones hechas de plástico en vez de las delicadas hojas de papel picado. Por último, hemos visto ya en los panteones° la proliferación de flores artificiales que poco a poco sustituyen a las naturales.

pumpkin
skull

cemetery

Volviendo a la época de Navidad, los Reyes están siendo desplazados cada vez más por Santa Claus, al igual que las posadas han ido perdiendo su verdadero sentido. Antes, una **Posada** era una reunión en donde familiares y amigos convivían recordando el significado de la

Navidad, cantando, partiendo una piñata de barro en forma de estrella (no como las de ahora en forma de superhéroe) y tomando ponche. Ahora, las posadas han perdido ese sentido de sana convivencia y se han convertido en borracheras y fiestas que poco tienen que ver con la Navidad.

Los extranjeros que vienen a México buscando vivir la experiencia auténtica de sus fiestas tradicionales regresan decepcionados al ver que estas se han comercializado. Para nuestro país esto es una gran desgracia, no solo porque vemos morir tradiciones que han caracterizado la esencia de nuestro pueblo por varios siglos, sino porque su desaparición afecta adversamente al turismo y por lo tanto, a nuestra economía.

Después de leer

3-9 **¿Comprendiste bien?**

1. **¿Cierto o falso?** Indica si las siguientes frases son ciertas (**C**) o falsas (**F**). Si son falsas, corrígelas.

   a. Las tradiciones familiares mexicanas están siendo remplazadas por tradiciones extranjeras. ____

   b. Por fortuna, el Día de Muertos es una tradición mexicana que todavía se mantiene muy auténtica hoy en día. ____

   c. Muchas personas en México han adoptado costumbres y tradiciones extranjeras sin entenderlas. ____

   d. La pérdida de las tradiciones mexicanas afecta a la economía del país. ____

2. **Ampliemos nuestro vocabulario.** Empareja cada palabra o concepto con su significado según el contexto.

   1. ____ en peligro de extinción

   2. ____ la procesión

   3. ____ los villancicos

   4. ____ paulatinamente

   5. ____ sana convivencia

   a. canciones de navidad

   b. lentamente, progresivamente

   c. que está a punto de morir o desaparecer

   d. marcha ordenada de un grupo de personas, usualmente con carácter religioso

   e. interacciones sociales caracterizadas por la armonía y el respeto mutuo

3. **Cambios.** Usando el ejemplo de las posadas, explica cómo están cambiando las tradiciones familiares en México.

4. **Para discutir.** En grupos, discutan sus respuestas a las siguientes preguntas.

   a. ¿Hay algunas tradiciones familiares que se estén perdiendo aquí en Estados Unidos?

   b. ¿Qué medidas crees que se podrían tomar para recuperar esas tradiciones?

   c. **Para estudiantes en el extranjero.** Averigüen las tradiciones familiares de su familia anfitriona y presenten por lo menos una de ellas al resto de la clase (indiquen el origen de esa tradición, cuándo y por qué se celebra, quiénes participan, si hay alguna comida o actividad típica asociada con esa tradición, etc.).

3-10 **Dos experiencias diferentes.** Ahora, ve las historias que nos cuentan estos hispanos, y completa el cuadro con información acerca de sus experiencias.

 Stefano

¿De dónde es?

¿Por qué salió de su país natal?

¿Qué fue lo más difícil para él al principio?

 Lissette

¿De dónde es?

¿Quién la convenció de mudarse a Estados Unidos?

¿Qué le sorprendió al llegar?

3-11 **¿Cierto o falso?** Escucha una vez más los testimonios de estos hispanos e indica si las siguientes frases son ciertas (**C**) o falsas (**F**). Si son falsas, corrígelas.

1. Stefano llegó a vivir con uno de sus tíos a Nueva York. ____

2. A Stefano le impresionaron muchos los altos edificios de la ciudad. ____

3. Con el tiempo, Stefano pudo hacer varios amigos. ____

4. Lissette se mudó a Chicago con una de sus hermanas. ____

5. Lissette tuvo que dejar a su hijita de 6 meses en su país. ____

6. Lissette se reunió de nuevo con su hija después de 2 meses de vivir en EE. UU.

3-12 **Dictado.** Ahora, completa los párrafos con la información que nos proporcionaron Stefano y Lissette.

STEFANO: De un día para otro, a mi papá lo (1) _____ .

Y yo en negación y confundido (2) _____ .

Era un golpe muy fuerte para mí y (3) _____ .

Y con el tiempo, tuve que tomar mi decisión. La decisión que hoy me cambió la vida. (4) _____ , a aprender, a culturizarme.

LISSETTE: Así que (1) _____ , las agarré, al aeropuerto directo, (2) _____ y aterricé acá en los Estados Unidos. En Chicago (3) _____ .

Tenía tanto frío, pero, gracias a Dios, mi cuñada que me recibió, (4) _____ .

3-13 **Para discutir.** En pequeños grupos, discutan las siguientes preguntas.

1. ¿Qué semejanzas y qué diferencias encontraron entre la experiencia de Stefano y la de Lissette?

2. ¿Qué dificultades típicas de los inmigrantes ejemplifican estos dos hispanos?

3. ¿Qué otros obstáculos piensan ustedes que enfrentan los inmigrantes?

4. ¿Por qué creen ustedes que Stefano y Lissette están satisfechos con su decisión de mudarse a Estados Unidos?

Análisis del discurso

Para organizar los eventos de una narración de una manera coherente, los hispanohablantes usualmente incluyen referencias temporales (**ayer, hace dos años, por la mañana, a las tres, el diez de marzo**) y enlazan sus frases con algunos de los siguientes conectores:

al principio

después	más tarde	(horas, días, semanas, años, siglos) más tarde…
entonces	mientras tanto	
luego	minutos	primero, segundo…

3-14 **Conectores.** Escucha de nuevo los testimonios de Stefano y Lissette e identifica los conectores que usaron en su narración.

1. Stefano

2. Lissette

3-15 **El matrimonio de mi prima.** Organiza los siguientes eventos en orden cronológico para crear una historia coherente, desde el primer evento (1) hasta el último (8).

_____ Luis Fernando le propuso matrimonio a mi prima.

_____ La recepción fue en un hotel de la ciudad.

_____ Fueron de luna de miel al Caribe.

_____ Luis Fernando y mi prima planearon la boda.

_____ Mi prima conoció a Luis Fernando en la universidad.

_____ Se casaron.

_____ Cada uno celebró con sus amigos su despedida de solteros, unos días antes de la boda.

_____ Ellos empezaron a salir y pasaron seis meses de novios.

 3-16 **¿Y qué pasó después?** Con un/a compañero/a, completen la historia de la actividad **3-15** usando su imaginación. Asegúrense de usar los conectores para dar coherencia a su historia.

Estrategia comunicativa

Cómo expresar comprensión e interés

Para indicar que estás prestando atención y que tienes interés en lo que alguien te está contando, puedes usar las siguientes expresiones:

¿De verdad?

¡No me digas!

¡No puede ser!

¿En serio?

¿Y entonces?

¿Y qué pasó después?

¡Qué interesante (bien, mal, horrible…)!

Me parece fantástico (maravilloso, espectacular, increíble, terrible…).

¡Qué suerte!

 3-17 **Unas vacaciones espectaculares.** Tu compañero/a te va a hablar de sus últimas vacaciones (reales o imaginarias). Escucha su historia, pero de una manera participativa, demostrando interés y comprensión, y haciendo preguntas para obtener más detalles.

A. **Pretérito e imperfecto**

En el *Capítulo 1* exploramos el uso del pretérito para hablar de eventos del pasado. Ahora, vamos a repasar los usos del imperfecto para complementar nuestras narraciones.

Primero, recordemos las terminaciones de los verbos regulares.

-ar	-aba, -abas, -aba, -ábamos, -abais, -aban
-er/-ir	-ía, -ías, -ía, -íamos, -íais, -ían

No te olvides que los verbos **ir** (iba, ibas, iba…), **ser** (era, eras, era…) y **ver** (veía, veías, veía…) son los únicos con formas irregulares en el imperfecto.

Usamos el imperfecto para hablar de:

Hábitos o costumbres	De niño, siempre **montaba** en bicicleta después de la escuela.
	«(El náufrago) Todos los días **miraba** el horizonte esperando encontrar alguien que pudiera ayudarlo, pero… nada».
Descripciones	Mi escuela **era** grande y **tenía** un campo de fútbol espectacular.
	«El náufrago **estaba** desesperado y se enojó mucho con Dios».
Acciones en progreso	Un día me caí, mientras **jugaba** en el parque con mis amigos.
	«Muy temprano, a la mañana siguiente, escuchó asombrado la sirena de un buque que **se acercaba** a la isla. ¡**Iban** a rescatarlo!»

3-18 **Un cuento de hadas.** Toda la clase va a participar en la creación de un cuento fantástico, como los que posiblemente te leían tus padres cuando eras chico/a. Tu profesor/a va a iniciar la historia, y después, cada estudiante va a aportar una frase para completar el cuento con creatividad y buen humor.

Había una vez una princesa muy…

3-19 **Una historia de amor incompleta.** ¿Recuerdas la historia del matrimonio de mi prima (actividad **3-15**)? Bueno, ahora es tiempo de hacer esa narración más interesante con un poco de información acerca del contexto de ese evento. Usa las siguientes preguntas como guía.

1. ¿En qué universidad se conocieron Luis Fernando y mi prima? ¿Qué estudiaba cada uno?

2. ¿Qué estaban haciendo cuando se vieron por primera vez?

3. ¿Por qué aceptó mi prima la propuesta de matrimonio de Luis Fernando?

4. Háblanos del día de la boda. ¿Cómo era el clima? ¿Cómo se sentían los novios? ¿De qué color era el vestido que llevaban las damas de honor?, etc.

3-20 **Para estudiantes en el extranjero.** Entrevisten a sus padres anfitriones acerca de la manera y el lugar donde se conocieron, y de cómo fue que decidieron casarse. Si viven con una señora viuda o soltera, entrevístenla acerca de su decisión de aceptar estudiantes internacionales en su casa: ¿cuándo tomó esa decisión?, ¿por qué?, etc.

B. **Presente perfecto**

Recuerda que el presente perfecto se refiere a acciones o estados que tuvieron su inicio en el pasado, y que continúan en el presente. Este tiempo verbal requiere del uso de un verbo auxiliar (haber) y de la forma del participio del verbo principal.

Forma del auxiliar haber	Forma del auxiliar haber Participio pasado del verbo principal (-ado/-ido)
he	
has	
ha	
hemos	
habéis	
han	

Este año **he tenido** la oportunidad de aprender muchas cosas nuevas y de conocer a gente interesante.

«Ahora, las posadas **han perdido** ese sentido de sana convivencia y se **han convertido** en borracheras y fiestas que poco tienen que ver con la Navidad».

«Los extranjeros que vienen a México buscando vivir la experiencia auténtica de sus fiestas tradicionales regresan decepcionados al ver que estas **se han comercializado**».

Los siguientes verbos tienen formas irregulares en el participio:

abrir → abierto	poner → puesto
cubrir → cubierto	resolver → resuelto
decir → dicho	romper → roto
describir → descrito	satisfacer → satisfecho
freír → frito (freído)	ver → visto
hacer → hecho	volver → vuelto
morir → muerto	

Este año he **hecho** muchas cosas nuevas y he **visto** lugares diferentes, puesto que he participado en un programa de estudios en el extranjero.

«Hemos **visto** ya en los panteones la proliferación de flores artificiales que poco a poco sustituyen a las naturales».

 3-21 **Un año muy productivo.** Haz una lista de las metas más importantes que has podido alcanzar este año. Luego, discute tus logros con un/a compañero/a.

Modelos: E1: *¿Sabes? Este año he sacado muy buenas notas en mis clases.*
E2: *¿De verdad? ¡Qué bueno! Te felicito. Por mi parte, yo he mejorado bastante mi estado físico, ya que estoy corriendo cinco millas cada día.*

E1: *¿En serio? Me alegro por ti. Bueno, te cuento que yo he…*

1. _____
2. _____
3. _____
4. _____
5. _____

3-22 **Encuestas.** Con un/a compañero/a, preparen una serie de preguntas para determinar el grado de "conciencia social" de los miembros de esta clase (4 preguntas como mínimo). Al terminar, preparen un reporte de sus resultados.

Áreas de interés:

conservación del medioambiente

servicio social

participación en actividades políticas

participación en asociaciones estudiantiles, etc.

Modelo: *¿Has reciclado tus basuras? ¿Has participado en…?*

Reporte: *El 90 por ciento de los estudiantes en esta clase han…, pero solo 39 por ciento han…*

3-23 **Para estudiantes en el extranjero.** Entrevista a uno de tus compañeros para saber lo que ha hecho hasta ahora para mejorar su español y determinar si está aprovechando bien esta experiencia en el extranjero. Al finalizar, presenta un reporte al resto de la clase.

 C. Los pronombres de objeto indirecto

Como estudiamos en el capítulo anterior, los pronombres de objeto indirecto (**me, te, le, nos, os, les**) usualmente se ubican antes de verbos conjugados o al final de verbos en su forma del infinitivo o gerundio.

Mi mamá **me** dijo: "Debes ir a los Estados Unidos para lograr el sueño americano".

Debes llevar**le** un abrigo a tu hermana porque hace mucho frío en Chicago.

«Tenía tanto frío, pero, gracias a Dios, mi cuñada que **me** recibió, **me** trajo un abrigo».

A diferencia del inglés, donde los pronombres de objeto indirecto remplazan a los sustantivos a que se refieren, en español estos pronombres se usan con frecuencia de manera simultánea con los sustantivos aludidos (especialmente para clarificar o enfatizar la identidad del recipiente de la acción). Observa los siguientes ejemplos (y nota que la "a personal" siempre precede al objeto indirecto de la frase):

El profesor **me** recomendó enviar un formulario de solicitud inmediatamente, y yo **le** pedí **a** él que me diera una carta de recomendación.

3-24 Ayuda y solidaridad. Muchas veces una de las cosas más placenteras en la vida es ayudar a los que lo necesitan. Hazle preguntas a tu compañero/a para saber los actos de solidaridad en los que ha participado este año.

Modelos: E1: *¿Has participado en alguna actividad de voluntariado?*
E2: *Sí. El verano pasado, **le** ayudé a una familia pobre a construir su casa con el programa Habitat for Humanity.*

A. Los adverbios y las locuciones adverbiales

El uso de adverbios nos permite dar contexto y detalle a las acciones o eventos en nuestras narraciones. Los adverbios modifican adjetivos, verbos u otros adverbios, y de acuerdo a su función, los principales se pueden clasificar de la siguiente manera:

Adverbios de lugar	¿Dónde?	aquí, ahí, allí, allá, lejos, cerca, etc.
Adverbios de modo	¿Cómo?	bien, mal, mejor, peor, rápidamente, eficientemente, correctamente, etc.
Adverbios de tiempo	¿Cuándo?	hoy, ayer, mañana, ya, recién, ahora, todavía, temprano, tarde, etc.
Adverbios de cantidad	¿Cuánto?	mucho, más, poco, menos, bastante, demasiado, etc.

Anoche llegó mi hermana de Europa. Yo salí de mi casa **temprano** para esperarla, pero hubo un retraso, y su vuelo aterrizó **bastante tarde**. Por fortuna, ella llegó **bien**, pero como está un poco cansada, no vamos a salir hoy.

Recuerda que la mayoría de los adverbios de modo terminan en -mente y se derivan de la forma femenina del adjetivo. Sus formas son siempre invariables.

Vamos a trabajar rápidamente, porque tenemos que entregar este trabajo mañana.

Los adverbios de cantidad **cuanto, mucho, tanto** y **reciente(mente)** tienen formas reducidas (**cuan, muy, tan** y **recién**) antes del adjetivo, verbo o adverbio.

El partido de fútbol de este fin de semana fue **muy** emocionante. Nuestro equipo jugó **tan** bien como siempre y al final ganamos por un amplio margen. **Recién** he visto los reportajes en la prensa local y todo el mundo está **muy** contento por esta victoria que nos permite entonces pasar a la final.

Las siguientes son algunas de las locuciones adverbiales más comunes formadas por dos o más palabras que actúan como adverbios:

A oscuras (sin luz)

De miedo (espectacular)

De pronto (sin previo anuncio)

De verdad (en serio)

De veras (en serio)

Desde luego (sin duda)

Por fortuna (sorpresa favorable)

Por suerte (sorpresa favorable)

3-25 **La boda de mi prima.** Raúl asistió a la boda de su prima Rosario y quiere contarnos su historia. Lee el siguiente párrafo y completa los espacios con el adverbio adecuado.

(1) _____ fue la boda de mi prima Rosario. La novia llegó un poco (2) _____ y el novio, Armando, se puso (3) _____ nervioso que pensó que ya no iba a casarse. (4) _____ Rosario llegó y se pudieron casar sin más problemas. La celebración fue en un restaurante (5) _____ elegante. (6) _____ llegamos al restaurante los novios empezaron a bailar y los invitados se les unieron (7) _____. La comida estuvo (8) _____, pero las porciones eran pequeñas. Todos nos divertimos (9) _____, pero creo que bebí (10) _____ y por eso hoy tengo resaca.

3-26 **La historia más emocionante.** En grupos de tres, túrnense para contarles una historia interesante que hayan vivido o presenciado a sus compañeros. Recuerden utilizar distintos adverbios para darle emoción y verosimilitud a su narración. Pueden utilizar las siguientes situaciones como inspiración.

1. Un evento deportivo emocionante

2. Un accidente

3. Una celebración/fiesta divertida

4. Un suceso paranormal

5. Una anécdota graciosa

Ahora, decide con tus dos compañeros cuál es la mejor historia de las tres. El ganador contará su historia al resto de la clase.

 B. El gerundio

El gerundio es una forma verbal caracterizada por la terminación **-ando/-iendo (-yendo)** que por lo general cumple funciones verbales (como parte de tiempos compuestos) o adverbiales (explicando o clarificando otros verbos, adjetivos o adverbios). No hay irregularidades en los verbos terminados en -ar, pero ten en cuenta que hay cambios de raíz de **e → i** y **o → u** en los verbos terminados en -er e -ir que sufren tales cambios en la tercera conjugación del presente indicativo (pedir → pidiendo, seguir → siguiendo, sentir → sintiendo, repetir → repitiendo, venir → viniendo, dormir → durmiendo, poder → pudiendo). También es importante recordar que se usa la terminación **-yendo** cuando la raíz del verbo original termina en vocal (caer → cayendo, creer → creyendo, leer → leyendo, etc.).

Ayer, estaba **estudiando** cuando me llamó mi madre. (función verbal)

Esta mañana salí **sudando** del gimnasio. (función adverbial)

«En estas fechas navideñas es más fácil ver coches decorados con Santa Claus que ver grupos de jóvenes en procesión, **pidiendo** fruta y dulces de puerta en puerta mientras cantan villancicos».

Cuando el gerundio se usa con el verbo **estar** en tiempos progresivos compuestos, este sirve para indicar la acción que está en desarrollo:

Cuando **estoy estudiando**, me gusta escuchar música clásica.

No me llames antes de las 3 porque **voy a estar leyendo** unos libros para mi clase de literatura.

Por sí solo, el gerundio cumple funciones adverbiales (indicando la manera en que se hace algo):

Prefiero ir **subrayando** el texto a medida que leo para recordar la información más importante.

No me gusta andar **corriendo** todo el tiempo. Por eso trato de levantarme más temprano.

«Volviendo a la época de Navidad, los Reyes están **siendo** desplazados cada vez más por Santa Claus, al igual que las posadas han ido **perdiendo** su verdadero sentido».

«Cierta vez, en un puerto cercano al Caribe, un grupo de veinte pescadores se encontraban **preparando** un viaje con el que pretendían llegar un poco más lejos de lo habitual para conseguir mejor pesca».

Recuerda que el gerundio no se usa ni como sujeto, ni como objeto directo, ni tampoco con las preposiciones. En su lugar se debe usar el **infinitivo**.

Hacer ejercicio es muy importante.

Me encanta **dibujar**.

Para **entender** bien, hay que prestar atención.

3-27 Corriendo que es gerundio. Raúl ha comenzado a ir al gimnasio de su barrio. Completa el párrafo con los verbos de la lista para entender su historia.

ajustar	bajar	cansarse	conducir	correr	subir	sudar

Esta mañana salí (1) _____ del gimnasio. Estaba (2) _____ en la cinta de correr y empezó a sonar en la radio una canción que me gusta mucho. Poco a poco fui (3) _____ la velocidad de la cinta, (4) _____ el ritmo con el de la canción, hasta llegar al máximo. Lo que no recordé es que la canción dura diez minutos, y claro, estaba (5) _____ mucho. Decidí ir (6) _____ la velocidad de la máquina para llegar al final. Acabé tan cansado que tuve que volver (7) _____ el coche hasta mi casa.

3-28 **Servicio al cliente.** Trabaja con un/a compañero/a para hacer la siguiente representación. Uno de los dos imagina que compró una prenda de vestir en su tienda favorita y que después de usarla una vez, se ha roto. Entonces, él/ella va a la oficina del Servicio al cliente de esa tienda y trata de obtener una solución a su problema. Al terminar, cambien de papel.

Cliente

Recientemente compraste una camisa (o cualquier otra prenda de vestir de tu elección) en tu tienda favorita y después de usarla una sola vez, se rompió. Discute la situación con el/la dependiente y pídele que te resuelva tu problema.

Nota: Explica bien las circunstancias en las que tuvo lugar el incidente. Asegúrate de dejar bien claro que **no estabas haciendo nada fuera de lo normal**, y que por lo tanto no es tu culpa que se haya roto el artículo que compraste en esta tienda.

Dependiente

Trabajas en la oficina de Servicio al cliente para una tienda de ropa muy popular en tu ciudad. Ayuda a este cliente que tiene una queja.

Nota: Averigua bien las circunstancias. **Haz muchas preguntas para determinar si esta persona estaba haciendo un uso adecuado del artículo** que compró en tu tienda. Si tienes dudas o si determinas que esta persona tuvo la culpa del incidente, explícale que no podrás devolverle su dinero.

La pronunciación de las consonantes *t* y *d*

En el inglés norteamericano, los sonidos de las consonantes representadas por las letras **t** y **d** varían significativamente dependiendo de su posición en la palabra. Considera los siguientes ejemplos:

cat	Peter
rod	tedious
tile	meter

Nota que estas consonantes en posición intervocálica tienen una pronunciación muy similar a la de la letra española **r**. Tales alteraciones intervocálicas no suceden en español y pueden causar malentendidos.

Ahora, en voz alta practica la pronunciación de las siguientes palabras.

Las letras *t* y *d* en posición inicial	Las letras *t* y *d* en posición intervocálica	La letra *d* en posición final
terco	reto	lealtad*
toro	pito	maldad*
dama	cuento	virtud*
domo	cada*	salud*
desesperado	todo*	oportunidad*
temprano	graduación*	solicitud*

* Nota: La pronunciación de la letra **d** en posición posnuclear se asemeja a la pronunciación de *th* en inglés.

Ahora, en voz alta pronuncia las letras **t** y **d** en diferentes contextos, mientras lees las siguientes frases.

1. De un día para otro, a mi papá lo tuvieron que trasladar al exterior. Y yo en negación y confundido no quería salir de mi país.

2. Al principio no fue fácil. Pero después, Nueva York me dio ese aire, ese respiro, y aprendí con el tiempo a llevar ese ritmo.

3. Es una experiencia bastante interesante, porque hasta ahora todo ha sido muy bueno.

4. Mi mamá me dijo: "Debes ir a los Estados Unidos para lograr el sueño americano". Y me dije: "¡Claro! He de hacerlo".

Enfoque cultural

Antes de leer

  3-29 **Para discutir.** Discute la siguiente pregunta con un/a compañero/a. ¿Si naufragaran en medio del océano, que les gustaría tener?

3-30 **Ampliemos nuestro vocabulario.** Investiga el significado de las siguientes palabras. Asegúrate de poder explicar cada una de ellas con tus propias palabras.

1. zarpar _____
2. alta mar _____
3. pesca _____
4. hundirse _____
5. sobreviviente _____
6. salvavidas _____
7. cueva _____
8. desesperado _____
9. humo _____
10. rescatar _____

3-31 **Aplicación.** Crea frases lógicas sobre **un naufragio** con las siguientes palabras.

1. barco/zarpar/pesca _____
2. hundirse/alta mar _____
3. sobreviviente/salvavidas _____
4. humo/rescatar _____

El naufragio

Escritores infantiles y espirituales de Argentina

Cierta vez, en un puerto cercano al Caribe, un grupo de veinte pescadores se encontraban preparando un viaje que pretendía llegar un poco más lejos de lo habitual para conseguir mejor pesca. Después de los preparativos necesarios, el barco zarpó hacia alta mar.

Pero las cosas no salieron como estaban previstas y, una noche, en el cuarto de máquinas surgió un gravísimo desperfecto eléctrico que provocó un fuego incontrolable y estalló el depósito de combustible.

Varios de los tripulantes fallecieron de forma inmediata a causa de la explosión y otros cuando a los pocos minutos el barco se hundió. Lamentablemente hubo un solo sobreviviente del naufragio que consiguió aferrarse° a uno de los *take a hold of* salvavidas que no se habían destruido y, penosamente, llegó a una isla desierta alejada del continente. Haciendo un gran esfuerzo se protegió en unas pequeñas cuevas de la playa.

Allí rezaba agradeciendo a Dios que se hubiera salvado y pidiéndole que lo rescatara.

A la mañana siguiente, empezó a construir un refugio con madera que encontró tirada y algunas ramas de los árboles. Todos los días miraba el horizonte esperando encontrar a alguien que pudiera ayudarlo, pero… nada.

Con mucho ingenio logró fabricar un filtro de piedras para purificar el agua que sacaba del mar y poder beber.

También armó como una especie de red para pescar desde la orilla; trepó° a las palmeras para alimentarse con los cocos y se dedicó a buscar frutos y verduras silvestres que pudiera comer sin que le hicieran mal.

°climbed

Una tarde se adentró en la isla para buscar comida un poco mejor de la que conseguía en los alrededores de donde se encontraba y, al regresar, encontró que su choza, inexplicablemente se había incendiado.

El náufrago estaba desesperado y se enojó mucho con Dios. Lo increpaba con fuerza:

—¿Cómo pudiste hacerme esto? ¡Lo único que había logrado construir para sobrevivir apenas decentemente!

Muy temprano, a la mañana siguiente, escuchó asombrado la sirena de un buque que se acercaba a la isla. ¡Iban a rescatarlo!

Cuando llegaron sus salvadores, además de darles las gracias, se interesó por saber cómo lo habían encontrado y les preguntó:

—¿Cómo se enteraron de que yo estaba aquí?

—¡Sencillísimo! Vimos las señales de humo que nos hiciste…

Fin

Después de leer

3-32 **Exploremos el texto.**

1. **¿Qué título le darías a este cuento?** Después de leer el texto, piensa en un título alternativo que sintetice el mensaje central de la historia.

2. **Datos desordenados.** Organiza los eventos de la historia en orden cronológico, desde el primer evento (1) hasta el último (7).

    _____ Un incendio destruyó el refugio del náufrago.

    _____ El náufrago se enojó con Dios.

    _____ El náufrago construyó una choza de madera.

    _____ Hubo un accidente en el cuarto de máquinas.

    _____ Un buque que vio el humo del incendio rescató al náufrago.

    _____ Uno de los pasajeros sobrevivió al naufragio.

    _____ El barco zarpó con varios pescadores y tripulantes.

3. **Para reflexionar.** ¿Cuál crees que sea la moraleja de esta historia? ¿Estás de acuerdo? Explica por qué.

4. **Taller creativo.** Ahora, completa el siguiente cuento de una manera original.

    El verano pasado, un grupo de estudiantes universitarios zarpó del puerto de Los Ángeles para hacer un crucero educativo alrededor del mundo. Después de dos días en alta mar, el buque tuvo un desperfecto y…

3-33 **Esto fue lo que pasó…** Escoge una de las siguientes fotografías y cuenta una historia acerca de lo que sucedió (usa la imaginación). Di quiénes son estas personas, qué les pasó, cuándo y por qué. Tienes dos minutos. Tu compañero/a va a hacer una crítica de tu presentación usando la siguiente lista de verificación y rúbrica.

Foto A	Foto B

Lista de verificación

¿Dio suficientes datos sobre el evento?	Sí	No
¿Proporcionó un contexto para la historia?	Sí	No
¿Conectó los elementos de la historia de una manera lógica?	Sí	No

Rúbrica

	Excelente	Bien	Aceptable	Deficiente
Datos proporcionados				
Contexto				
Fluidez				

Después de escuchar las críticas que te ha hecho tu compañero/a, prepara la versión final de tu presentación.

3-33 **Proyecto audiovisual.** Entrevista a un hispano para averiguar cómo era su vida antes de venir a Estados Unidos y cómo ha cambiado su vida desde que llegó.

Nota: Los estudiantes en programas en el extranjero deben encontrar a alguien que se haya mudado a ese pueblo o ciudad de otra parte del país (o de otro país), y deben entrevistarlo/a para determinar cómo era su vida antes de mudarse allí, cómo han cambiado las cosas ahora que vive en ese pueblo o ciudad, y si está contento/a con su decisión.

Vocabulario

Sustantivos

el alta mar	*high seas*	la luna de miel	*honeymoon*
el anillo	*ring*	el matrimonio	*marriage*
el azar	*fate, chance*	la moraleja	*moral of a fable*
el buque	*vessel*	la mudanza	*move*
la calabaza	*pumpkin*	el panteón	*cemetery*
la calavera	*skull*	el pescador	*fisherman*
el compromiso	*engagement*	las posadas	*Nine-day celebration around Christmas time (Méx)*
la conciencia social	*social awareness*		
la contratación	*hiring*		
la convivencia	*coexistence*	la procesión	*procession*
el cuento de hadas	*fairy tale*	el reto	*challenge*
la cueva	*cave*	el salvavidas	*life guard*
la desgracia	*misfortune, tragedy*	el sobreviviente	*survivor*
la despedida de soltero	*bachelor party*	la solicitud	*application*
el empleo	*job*	la suerte	*luck*
el humo	*smoke*	el tripulante	*member of the crew*
el incendio	*fire*	el triunfo	*triumph*
el logro	*achievement*	el villancico	*Christmas carol*

Adjetivos

confiado/a	*confident*	feliz	*happy*
desplazado/a	*displaced, replaced*	preocupado/a	*worried*

Verbos

aferrarse	*to take hold of*	sudar	*to sweat*
aprovechar	*to take advantage*	trepar	*to climb*
enojarse	*to get angry*	vencer	*to overcome*
hundirse	*to sink*	zarpar	*to set sail*
rescatar	*to rescue*		

Adverbios

paulatinamente	*gradually*

Otras expresiones

en peligro de extinción	*endangered*	tener que ver	*to have to do with*

OBJETIVOS COMUNICATIVOS

En este capítulo podrás

- dar instrucciones claras y precisas.
- discutir el uso y manejo de la tecnología moderna.
- pronunciar apropiadamente los fonemas representados por las letras *l*, *ll*, e *y*.
- discutir algunos de los retos de la era digital en el mundo hispano y en Estados Unidos.

CONTENIDO

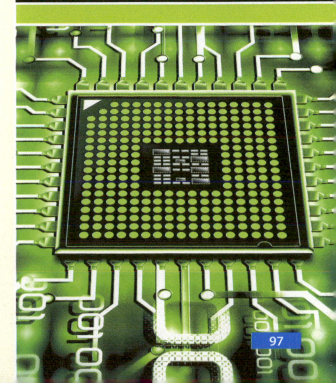

4-1 **La tecnología en la vida diaria.** Haz una lista de los aparatos que usas a diario para llevar a cabo las siguientes funciones.

Alimentación	Estudios	Trabajo	Relaciones

4-2 **Aparatos esenciales.** Clasifica las siguientes palabras de acuerdo al contexto donde pueden ocurrir. Al terminar, discute tus respuestas con un/a compañero/a. Varias opciones son posibles, así que prepárate para justificar tu selección.

las aplicaciones	la contraseña de seguridad	la pantalla
los archivos	el control remoto/mando*	el pen drive
la batería	las descargas	la ranura para discos
el botón de encendido	el disco duro	el teclado

*español peninsular

4-3 **Manual de instrucciones.** Pon en orden los pasos requeridos para responder a un mensaje de texto.

_____ Escriba la respuesta.

_____ Seleccione **Responder** y el tipo de mensaje.

_____ Para ver un mensaje recibido, seleccione **Mostrar**. Para verlo en otro momento, seleccione **Salir**.

_____ Para enviar el mensaje, seleccione **Enviar**.

4-4 **¿Qué es eso?** Imaginen que tienen que explicarle los siguientes conceptos a alguien que no hable inglés. Tomen turnos explicando cada término en sus propias palabras.

1. browser   2. Wi-Fi   3. adapter   4. app   5. roaming

4-5 **Para estudiantes en el extranjero.** Hagan una lista de los electrodomésticos que hay en su hogar anfitrión y compárenlos con los que tienen en Estados Unidos.

Antes de leer

 4-6 **Para discutir.** Con un/a compañero/a, discutan las siguientes preguntas.

1. ¿Qué aparatos tecnológicos tienes actualmente y para qué los utilizas?
2. ¿Sin cuál de esos aparatos crees que no podrías vivir?

 4-7 **Ampliemos nuestro vocabulario.** Usa tu diccionario o tu buscador preferido en Internet para investigar el significado de las siguientes palabras. Asegúrate de explicar cada una de ellas con tus propias palabras.

1. recluido _____
2. enganchado _____
3. el vínculo _____
4. la fuente _____
5. aportar _____
6. tener cabida _____

El impacto de las nuevas tecnologías
en la vida cotidiana de los jóvenes

Internet, el teléfono móvil, las consolas, los reproductores de MP3, etc. constituyen ahora mismo el "ecosistema natural" de los adolescentes y jóvenes. Ellos perciben todos estos aparatos con la misma naturalidad con la que los mayores percibimos la radio o la televisión. No se sorprenden ante la tecnología, simplemente, con absoluta naturalidad, la utilizan para estar en contacto, hacer nuevos amigos, buscar información, bajar° y escuchar música y en general, para desarrollar su propia cultura.

download

En EE. UU. y en Japón, países donde las nuevas tecnologías están muy extendidas, se ha investigado mucho sobre el fenómeno de los *screenagers*. Este es el nombre que se utiliza en EE. UU. para referirse a los adolescentes entre 10 y 20 años que pasan muchas horas ante las pantallas ya sean de televisión, de videojuegos, del ordenador, del móvil, etc. En Japón, el caso extremo son los jóvenes conocidos como los *hikikomori*. Adolescentes que se encierran en sus habitaciones y se pasan meses recluidos°, llegando a perder prácticamente, el contacto con el mundo exterior.

held, secluded

En España, este fenómeno del adolescente encerrado en su habitación, enganchado° a todo tipo de aparatos electrónicos no está tan extendido como en otros países, sin embargo, algunos investigadores han empezado a estudiar lo que se ha dado en llamar la *bedroom* cultura. Para la juventud, el dormitorio se ha convertido en un santuario personal. Un espacio donde los adultos no tienen cabida°. Un espacio compartido, a lo sumo°, con sus hermanos, y en el cual

hooked

don't belong

at most

aparece representado el universo de los jóvenes. La habitación se convierte en el único territorio privado posible, donde la televisión, la música y el ordenador compiten y comparten la atención de los jóvenes. El Messenger y el teléfono móvil se convierten en medios para *links* mantener los vínculos° con sus amigos en la distancia y la soledad de su cuarto.

Efectivamente, las informaciones *provide/sources* que nos aportan° diversas fuentes° de información y la observación de los propios jóvenes confirman esta tendencia. Todos usan el ordenador, se conectan a Internet de forma habitual, por supuesto, todos tienen teléfono móvil y muchos, sobre todo los chicos, juegan habitualmente con las videoconsolas (o la Play). Sin embargo, cuando se les pone en la situación de elegir entre el ordenador, Internet, el móvil o los amigos, todos eligen sin dudarlo, a los amigos.

Después de leer

4-8 ¿Comprendiste bien?

1. **Idea principal.** En respuesta al título del artículo, ¿cuál ha sido el impacto de las nuevas tecnologías en la vida cotidiana de los jóvenes españoles?

2. Indica en qué párrafo del texto (1 a 4) se mencionan las siguientes ideas.

   a. Aunque los jóvenes sean muy dependientes de las nuevas tecnologías, prefieren la vida social con las personas a las que aprecian.

   b. Se ha realizado un estudio de investigación sobre el uso de las nuevas tecnologías por parte de los adolescentes.

   c. Nombres que se usan en Estados Unidos y Japón para referirse a los jóvenes que pasan mucho tiempo aislados en su habitación, utilizando las nuevas tecnologías.

   d. El uso de las nuevas tecnologías es algo normal entre los jóvenes

3. Explica con tus propias palabras lo que significan los siguientes fenómenos y en qué país se nombran así.

Fenómeno	Definición	País
screenagers		
hikikomori		
bedroom cultura		

4. **Para discutir.** ¿Creen que la dependencia de la tecnología por parte de los jóvenes es positiva o creen que podrían aprender a vivir mejor si usaran menos dispositivos tecnológicos?

4-9 Instrucciones. A Miguel le encanta la música y es muy bueno con la tecnología moderna. Así que nos va a enseñar algo muy práctico que sabe hacer bien. Escúchalo con atención y completa el cuadro a continuación.

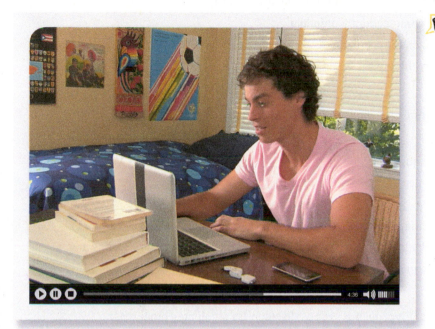

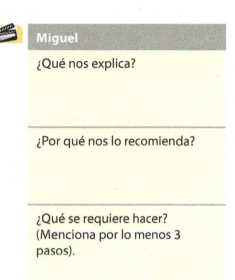

Miguel
¿Qué nos explica?
¿Por qué nos lo recomienda?
¿Qué se requiere hacer? (Menciona por lo menos 3 pasos).

Ahora escucha los consejos de María, la consejera financiera, y completa la información que falta.

María
¿Cuál es el problema de Stefano?
¿Qué sugerencias le da María? (Menciona por lo menos 3).

4-10 **Paso por paso.** Ve de nuevo el video de las instrucciones de Miguel y pon en orden cronológico sus instrucciones, desde el primer paso (1) hasta el último (5).

_____ Conecta el cable al reproductor portátil.

_____ Haz clic en el ícono de tu reproductor portátil.

_____ Abre la computadora y préndela.

_____ Haz clic en **Sincronizar.**

_____ Pulsa **Archivo** y selecciona **Carpeta nueva.**

4-11 **Dictado.** Ahora, escucha las sugerencias de María y completa los espacios en blanco.

Te puedo sugerir que (1) _____, y preguntes si hay vacantes, en los diferentes departamentos que tú (2) _____ ir a aplicar, o (3) _____. Por ejemplo, (4) _____, puedes hacer tutoría. (5) _____. También puedes irte afuera de la universidad y tratar de conseguirte un trabajito a tiempo medio, vamos a suponer, en tu gremio.

4-12 **Para discutir.** En pequeños grupos discutan las siguientes preguntas.

1. Usualmente, ¿dónde consiguen la música que escuchan en su reproductor de música portátil? ¿Hay algunas opciones más económicas que otras? ¿Cuál es la mejor?

2. ¿Qué tan difícil es encontrar un trabajo en esta universidad? ¿Dónde hay mejores opciones, dentro o fuera del campus? Expliquen su respuesta y den algunos ejemplos.

3. ¿Creen Uds. que el trabajo interfiere con su rendimiento académico? ¿Qué deben hacer los estudiantes que trabajan para mantener un buen promedio?

Análisis del discurso

Como pudiste observar, los hispanohablantes usan conectores para dar orden y coherencia a sus instrucciones.

Los siguientes son algunos de los conectores más comunes cuando tratamos de indicar los pasos para la realización de una tarea o de un proceso:

> primero, segundo, tercero…
>
> Inicialmente, para comenzar, ante todo, primeramente,…
>
> después, luego, entonces, posteriormente, más tarde, una vez (que)…
>
> al mismo tiempo, mientras tanto, a la vez, cuando, simultáneamente
>
> finalmente, al final, por último…

4-13 **Sincronización de equipos.** Con un/a compañero/a, transformen la siguiente lista de pasos para sincronizar música en el iPhone, en un párrafo coherente y fluido.

1. Conectamos el iPhone al ordenador.

2. En iTunes, seleccionamos iPhone en la barra lateral.

3. En la pestaña de **Música** seleccionamos el contenido que deseamos sincronizar.

4. Hacemos clic en **Aplicar**.

Estrategia comunicativa

Las conclusiones

Para dar más coherencia e impacto a un mensaje, es importante concluir de una manera clara y positiva. Al finalizar una charla, es recomendable recapitular los puntos fundamentales de la misma, enfatizar la importancia del tema discutido, y desde luego, agradecer la atención de los que nos hayan escuchado. Observa de nuevo las instrucciones de Miguel, y presta especial atención a la manera como concluyó su charla.

¿Recapituló los puntos fundamentales?

¿Enfatizó la importancia de lo dicho?

¿Agradeció la atención de los que escucharon su charla?

4-14 Ahora, preparen una conclusión apropiada para las instrucciones que organizaron en la actividad **4-10**.

A. **Los mandatos formales**

La tercera persona (singular y plural) del subjuntivo, es usada para dar instrucciones y órdenes en contextos formales o de autoridad:

Conecte el ordenador.

Seleccione la pestaña correspondiente.

No **desconecte** el equipo durante la actualización.

Para la conjugación del subjuntivo, puedes simplemente reemplazar la **o** final de la primera persona del presente indicativo, y adicionar las terminaciones típicas del subjuntivo (**verbos -ar: -e, -es, -e, -emos, -éis, -en; verbos -er/-ir: -a, -as, -a, -amos, -áis, -an**).

En el subjuntivo hay verbos con cambios ortográficos (aquellos que terminar en **–car**, **-gar**, **-guar**, y **–zar**): Por ejemplo: **buscar** (busque, busques, busque…); **pagar** (pague, pagues, pague,…); **averiguar** (averigüe, averigües, averigüe,…); **alcanzar** (alcance, alcances, alcance…).

Algunos de los principales verbos con formas irregulares en el subjuntivo son:

conocer	conozca, conozcas, conozca, …
dar	de, des, dé, demos, …
decir	diga, digas, diga, …
estar	esté, estés, esté, …
haber	haya, hayas, haya, …
ir	vaya, vayas, vaya, …
saber	sepa, sepas, sepa, …
ser	sea, seas, sea, …
tener	tenga, tengas, tenga, …

Recuerda que con los mandatos afirmativos, los pronombres se colocan después del verbo, formando una sola palabra.

El ratón sirve para navegar en la pantalla. **Úselo**, deslizándolo en cualquier dirección.

En el caso de los mandatos negativos, los pronombres vienen antes del verbo.

Inserte el dispositivo de memoria en la ranura correspondiente. No **lo** retire sin desactivar.

4-15 Manual de instrucciones. Imagina que estás preparando un manual en español sobre el uso de un cajero automático. Prepara las instrucciones correspondientes.

Actividades útiles:

Sí	No
• insertar la tarjeta • marcar la contraseña secreta • seleccionar el tipo de cuenta • marcar la cantidad deseada • tomar el dinero • recoger la tarjeta	• dejar que otra persona vea su contraseña • retirar más de $400 cada vez • dejar la tarjeta en la máquina

B. Los mandatos informales

Cuando la relación entre la persona que da las instrucciones y la persona que las recibe no es de autoridad, es más apropiado usar la tercera persona del indicativo (para dar mandatos afirmativos), o la segunda persona del subjuntivo (para mandatos negativos).

Descarga la música que te guste en este sitio.

No te **olvides** de sincronizar tus equipos durante todo al día.

"Primer paso: **abre** la computadora y **préndela**. Qué fácil, ¿verdad? Listo".

"Ya que tenemos eso, segundo paso: **agarra** tu reproductor portátil, y **conecta** el cable al reproductor portátil".

Recuerda que los siguientes verbos, tienen formas imperativas irregulares:

decir → di	poner → pon
hacer → haz	salir → sal
ir → ve	tener → ten

4-16 **Mi página en Facebook.** Imagina que un amigo hispano tuyo no sabe cómo crear una página personal en Facebook. Prepara las instrucciones pertinentes.

 C. **Otras formas de dar instrucciones**

Las formas verbales imperativas (formales e informales) con frecuencia se consideran formas **fuertes** y por lo tanto suelen ser reemplazadas por formas menos **compulsorias** en el habla diaria de los hispanos. Como lo vimos en los videos, con frecuencia se usa la forma de **nosotros** en el indicativo, o también son frecuentes las expresiones de necesidad (**hay que, tener que, deber, etc.**), seguidas por el infinitivo del verbo principal.

Primero, **encendemos** el ordenador. Después, **pulsamos** el botón de encendido. Luego, **seleccionamos** lo que nos interese…

Debes hablar con un profesor que necesite ayuda. Por ejemplo, **puedes ser** su asistente, **puedes hacer** tutoría. Hay diferentes cositas que **puedes hacer**.

4-17 **¿Cómo debo registrarme para mis cursos?** Ahora, imagina que este mismo amigo hispano necesita ayuda para hacer su registro de clases a través de Internet. Prepara las instrucciones correspondientes. **Nota:** usa **dos** formas diferentes de dar estas instrucciones.

4-18 **Para estudiantes en el extranjero.** Diles a tus padres anfitriones que te enseñen a preparar un plato típico de su país. Aprende bien cómo hacerlo para que se lo puedas enseñar al resto de la clase.

A. El *se* impersonal

Las construcciones impersonales con **se** (**se** más la tercera persona singular del verbo en indicativo) también son usadas frecuentemente para dar instrucciones.

> Para sincronizar un reproductor portátil, primero **se enciende** el ordenador, luego **se conecta** el cable al reproductor portátil, **se pulsa** Archivo, **se selecciona** Carpeta nueva, **se hace** clic en el ícono del reproductor y finalmente **se hace** clic en Sincronizar.

se	Tercera persona singular del verbo principal
se	enciende
se	conecta
se	pulsa

Además de instrucciones, la construcción impersonal con **se** nos permite enfatizar la acción cuando el agente de la misma es considerado irrelevante.

> Aquí **se** trabaja muy duro.

> Antes de hacer ejercicio, **se** recomienda hacer un poco de calentamiento.

4-19 **¡Cuidado con la privacidad!** Mucha gente utiliza Facebook para compartir fotografías. Pero si no se tiene cuidado, todo el mundo podría tener acceso a ellas. Lee este artículo sobre cómo cambiar tus opciones de privacidad y completa el párrafo con los verbos en su forma impersonal con **se**.

| abrir | cambiar | deber | desear | hacer | poder | pulsar | ver |

Para cambiar las opciones de privacidad en las fotos de Facebook primero, (1) _____ acceder a facebook.com con nuestra cuenta personal. Una vez dentro, (2) _____ clic en **Perfil**, que está en la parte superior derecha. Cuando (3) _____ nuestro perfil, hacemos clic en **Fotos.** Veremos que dice: **Ver todas Fotos - Videos**, y hacemos clic sobre el enlace **Fotos**. En ese momento, aparecerán todos los álbumes. Cada álbum, tendrá un ícono de privacidad. Desde dicho ícono, (4) _____ modificar la privacidad de las fotos; así, si (5) _____ a **Público** todo el mundo verá las fotos. Si por el contrario (6) _____ **Amigos**, solo nuestros amigos podrán ver las fotos. Por último, haciendo clic en **Personalizado** (7) _____ otra ventana, donde podemos seleccionar el nivel de privacidad que (8) _____.

4-20 **Pautas para el uso apropiado de *PowerPoint*.** Las presentaciones con *PowerPoint* son cada vez más comunes en la enseñanza y en el mundo de los negocios, pero hay que tener cuidado con el diseño de las mismas. Aquí tenemos un ejemplo de una presentación. En parejas, hagan una lista de los elementos que se pueden mejorar. Usen el **se** impersonal para dar las recomendaciones pertinentes.

Modelo: En una presentación se debe escribir claramente.

El impacto de las nuevas tecnologías en la vida de los jóvenes

- Internet, el teléfono móvil, las consolas, los reproductores de MP3, etc. constituyen ahora mismo el "ecosistema natural" de los adolescentes y jóvenes. Ellos perciben todos estos aparatos con la misma naturalidad con la que los mayores percibimos la radio o la televisión. No se sorprenden ante la tecnología, simplemente, con absoluta naturalidad, la utilizan para estar en contacto, para hacer nuevos amigos, para buscar información, bajarse y escuchar música y en general, para desarrollar su propia cultura.

Los jóvenes y la tecnología

Todos los chicos juegan habitualmente con las videoconsolas

Todos usan el ordenador, se conectan a Internet de forma habitual, por supuesto, todos tienen teléfono móvil

Cuando se les pone en la situación de elegir entre el ordenador, Internet, el móvil o los amigos, todos eligen sin dudarlo, a los amigos.

 B. ## La voz pasiva

Otra manera de enfatizar la acción (y el objeto de la misma) es usando la voz pasiva. Ésta requiere la combinación de una forma del verbo **ser** con el **pasado participio** (con sus terminación típicas: -ado/-ido) del verbo principal. Recuerda que tanto la forma del verbo auxiliar **ser**, como la terminación del pasado participio del verbo principal, deben concordar con el objeto directo de la frase (no con el sujeto).

El cajero automático **fue inventado** por James Goodfellow en 1966.

Las transacciones electrónicas **son preferidas** por la mayoría de los jóvenes en Norte América.

Nota en los siguientes ejemplos de frases pasivas, que el objeto directo aparece al **principio** de la frase, y que el sujeto se ubica después del verbo principal (precedido de la preposición **por**), o bien se omite.

La receta **fue creada por** mi abuela.

Los ingredientes **fueron traídos** directamente de España.

Objeto directo	Verbo auxiliar	Verbo principal	Sujeto	Complemento
La **receta**	fue	creada	por mi abuela.	
Los **ingredientes**	fueron	traídos	Θ	directamente de España.

La voz pasiva se considera formal, y es por lo tanto poco frecuente en la conversación diaria.

4-21 **¿Conoces los sistemas operativos libres?** El siguiente artículo habla sobre Miguel de Icaza, un mexicano que revolucionó el mundo del software libre. Lee el siguiente texto y cambia las oraciones subrayadas con su forma en voz pasiva.

Hay otra manera

Cuando compras una computadora en una tienda, siempre viene con un sistema operativo de pago, Windows o OS. Para crear un programa dentro de esos sistemas operativos debes pagar una licencia. Pero existe otra manera. (1) Miguel de Icaza, programador mexicano, desarrolla una variedad de programas sin licencia. (2) De Icaza fue el fundador de GNOME, un entorno de escritorio compuesto por software libre. (3) Aunque poca gente utiliza esta plataforma, fue un paso muy importante para romper el monopolio de la industria de los sistemas operativos. (4) De Icaza también creó otros programas de software libre, como Midnight Commander, un gestor de ficheros, o Gnumeric, una hoja de cálculo. (5) La revista *Time* nombró a Miguel de Icaza uno de los 100 innovadores del siglo en el año 2000.

1. _____

_____

2. _____

_____

3. _____

_____

4. _____

_____

5. _____

_____

🍦🍦 **4-22** **El guía mentiroso.** Imaginen que tienen que trabajar como guías turísticos en Caracas, Venezuela, pero no conocen los monumentos del país.

En parejas, observen las siguientes imágenes e inventen una historia para contársela a los turistas. Usen la voz pasiva para dar más credibilidad a sus mentiras.

Modelo: "El Monumento a los Próceres" fue construido en 1800. Lo más curioso es que fue construido en una sola noche, con la ayuda de toda la gente del país…

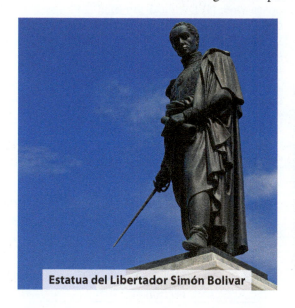

Estatua del Libertador Simón Bolivar

Plaza Francia

Teleférico al Monte Ávila

El Capitolio Nacional

🔊 La pronunciación de las letras *l*, *ll*, e *y*

La pronunciación lateral del fonema /l/ en posición prenuclear (es decir, antes del núcleo de la sílaba) es similar al del inglés:

library	libanés
plate	plato
traveler	teléfono

En posición posnuclear (es decir, después del núcleo de la sílaba), el carácter lateral de esta consonante se mantiene. A diferencia del inglés, donde se velariza. De nuevo, el truco es imaginar una vocal invisible y muy breve, al final de la palabra. Considera los siguientes ejemplos:

Consonante velarizada (inglés)	Consonante lateral (español)	Truco
pal	mal	mal(e)
dill	fusil	fusil(e)
call	col	col(e)
sell	él	él(e)
	hotel	hotel(e)
	azul	azul(e)
	fácil	fácil(e)
	canal	canal(e)
	ordenador portátil	ordenador(e) portátil(e)

La pronunciación de los fonemas representados por las letras **ll** e **y** tienen variaciones dialectales, pero en términos generales se puede decir que ambas se pueden pronunciar como africados palatales /ʝ/ (tal como el sonido de la letra **j** en *Jeep*):

joy	**y**o	**ll**oro
japanese	**y**a	**ll**anto
gentleman	**y**eso	**ll**evo
jazz	ma**y**o	cabe**ll**o
jewish	cabu**y**a	Marse**ll**a
	ha**y**as	panta**ll**a
	ma**y**ores	desarro**ll**ar
	a**y**uda	arci**ll**a

📝 Ahora, practica la pronunciación correcta de la **l**, la **ll** y la **y** leyendo en voz alta las siguientes frases.

1. Haz clic en el ícono de tu reproductor portátil. Normalmente lleva tu nombre.

2. Cinco pasos, muy sencillos. Espero que te haya gustado este segmento.

3. Necesito que por favor me ayudes a conseguir un trabajo.

4. Si alguien me dice de cualquier cosita, pues yo te lo dejo saber.

Antes de leer

4-23 **Para discutir.** Con un/a compañero/a, discutan las siguientes preguntas.

1. Entre su familia y amigos, ¿está muy extendido el uso del libro digital? ¿Qué prefieren el libro digital o el libro impreso?

2. ¿Creen que realmente llegará un día en el que desaparezcan los libros impresos y las bibliotecas?

4-24 **Ampliemos nuestro vocabulario.** Investiga el significado de las siguientes palabras o frases. Asegúrate de poder explicar cada una de ellas en tus propias palabras.

1. languidecer _____

_____

2. los medios de comunicación _____

_____

3. lidiar _____

_____

4. asediar _____

_____

5. la piratería _____

_____

6. promisorio/a _____

_____

7. almacenar _____

_____

8. el devenir _____

_____

¿Desaparecerán los libros tradicionales?

José Antonio Quintero Madrigal

Los libros en Internet aumentan su influencia en el gusto de la lectura y las bibliotecas tradicionales languidecen poco a poco.

En los medios de comunicación se habla, con cierta frecuencia, de una competencia entre el libro tradicional y los nuevos libros electrónicos. Sin embargo esto puede no ser cierto. El libro tradicional con muchos siglos de existencia está lidiando con sus propios demonios o fantasmas. El libro electrónico de reciente nacimiento se desarrolla rápidamente y en ese desarrollo está su muerte, muerte generacional, pues vendrán otros dispositivos° y medios, que lo sustituirán cada vez más rápido.

gadgets

Enemigos modernos del libro

La presencia del libro, como lo conocemos, se está viendo asediada por grupos ecologistas que presionan cada vez más para reducir el consumo de papel y con ello acabar con la tala de *logging* árboles. Sin embargo, esta tala° puede ser disminuida drásticamente, sin afectar la industria editorial, al reciclar papel existente, utilizar otra clase de fibras y promover una explotación racional de los bosques con la utilización de especies más aprovechables y renovables.

Las editoriales y los autores están sufriendo grandes pérdidas económicas debido a la presencia y acción de la **piratería** de libros, presente en mucho países del mundo; y si a esto sumamos la desaparición paulatina de las grandes, y pequeñas, bibliotecas privadas por razones de nulo uso, poco espacio o creciente desinterés, el futuro del libro no se ve muy promisorio. Más aun, manifiesta una tendencia clara a la desaparición.

Situación actual del libro electrónico

Cuando observamos la irrupción masiva de medios electrónicos de procesamiento y almacenaje, estamos *witnesses* siendo testigos° de un cambio en la costumbre de leer, obtener y conservar la información. Compañías, como Google, están digitalizando bibliotecas enteras. Están surgiendo organizaciones como Europeana, que conjunta muchas bibliotecas de carácter nacional, el fondo Cervantes, el proyecto Gutenberg y muchas más, que ponen a disposición del lector miles de volúmenes e información inimaginable.

Las editoriales reportan incrementos sustanciales en la venta de copias electrónicas y disminución en la venta *noteworthy* de los libros tradicionales y es notorio° el que los jóvenes utilizan Internet para obtener información, manipular los datos y, con mayor frecuencia, acceder a libros por el simple placer° de leer. Podemos *joy* pensar que aún cuando se tengan nuevos medios, y otros disminuyan su presencia, la información no se pierde sino que permanece al alcance° de todos y en casi *reach* cualquier lugar.

Cambio de medios de almacenamiento

En una rápida ojeada podemos vislumbrar la aparición en la historia de los medios de almacenamiento de datos. Pequeñas tabletas de arcilla° *clay* guardaron información de transacciones económicas y de gestas históricas. El papiro aparece también como nuevo medio en la cultura egipcia. Más tarde los pergaminos° que guardaron mucha de la *scrolls* sabiduría humana hasta entrada la edad media y es entonces, con la invención de la imprenta, que aparece el libro como lo conocemos hasta ahora.

Con el advenimiento de la computadora y su desarrollo hasta la PC u ordenador personal, se inicia una época de adelantos electrónicos que permiten almacenar bibliotecas enteras en un solo dispositivo. Así, en forma general, la PC nos inicia en la lectura en medios electrónicos, luego aparece la Laptop, el eBook, el Ipad y no sabría decir qué otro dispositivo viene después, pero su remplazo es cada vez más acelerado.

En todo esto, algo queda claro para quienes vivimos este momento y recordamos el devenir° en la historia *change* de los medios de conservación de datos e información. Lo importante no es el medio sino el aprendizaje, la obtención de datos, y el placer de la lectura.

Después de leer

4-25 **Exploremos el texto.**

1. Con un/a compañero/a, preparen un breve resumen de las ideas principales de este artículo.

2. **¿Cierto o falso?** Indica si las siguientes oraciones son ciertas (**C**) o falsas (**F**). Si son falsas, corrígelas.

    a. El libro electrónico existirá siempre tal y como es en la actualidad. _____

    b. Los ecologistas están a favor de que se expanda el uso del libro electrónico. _____

    c. El futuro del libro impreso cuenta con unas expectativas muy favorables. _____

    d. Cada vez hay disponibles un mayor número de libros en la red. _____

    e. La aparición de dispositivos de almacenamiento favorecen la expansión del libro electrónico. _____

    f. El autor piensa que lo más importante no es el medio utilizado, sino la información y el gozo que se obtiene a través de la lectura. _____

3. ¿Cuál es el fin de la organización Europeana? ¿Qué opinas de su misión?

4. Según la conclusión del autor del texto, ¿se posiciona este claramente a favor o en contra del uso del libro electrónico? Presenta algunos ejemplos para justificar tu respuesta.

5. **Para investigar.** ¿Cuál es el porcentaje de libros electrónicos que se vende en Estados Unidos? ¿Cuál ha sido el crecimiento en las ventas de libros electrónicos en este país en los últimos 5 años? ¿Cómo interpretas estos datos?

6. **Para discutir.** ¿Creen que pronto van a desaparecer las librerías y las bibliotecas en Estados Unidos? Si es así, ¿qué crees que vaya a remplazarlas?

4-26 **Proyecto audiovisual.** Enséñanos algo que sepas hacer bien. Tienes cinco minutos para darnos todas las instrucciones pertinentes.

Después de preparar un borrador de tu presentación, pídele crítica constructiva a un/a compañero/a. Este/a compañero/a va a escuchar y a criticar tu presentación usando la siguiente lista de verificación y rúbrica.

Nota: Estudiantes en programas de estudio en el extranjero pueden dar instrucciones de algo que hayan aprendido durante su estadía en el país anfitrión.

Lista de verificación

¿Dio un preámbulo a su presentación?	Sí	No
¿Mencionó todos los pasos necesarios?	Sí	No
¿Fue clara su presentación?	Sí	No

Rúbrica

	Excelente	Bien	Aceptable	Deficiente
Claridad de la presentación				
Fluidez				
Uso de la estrategia comunicativa: Conclusión clara y positiva				

Después de escuchar las críticas que te ha hecho tu compañero/a, prepara la versión final de tu presentación.

Vocabulario

Sustantivos

el alcance	*reach*	los medios de comunicación	*mass media*
el archivo	*file*	el navegador de gps	*GPS*
el botón de encendido	*power button*	la pantalla	*screen*
el cajero automático	*ATM*	la piratería	*piracy*
la computadora/el ordenador portátil*	*computer/laptop*	el placer	*joy*
la contraseña de seguridad	*security password*	la ranura para discos	*disc slot*
el control remoto/el mando	*remote control*	la red	*Web*
la cuenta	*account*	el rendimiento académico	*academic performance*
la descarga	*download*	el reproductor de mp3	*MP3 player*
el devenir	*change*	la tala	*logging*
el disco duro	*hard drive*	el teclado	*keyboard*
el dispositivo	*gadget*	el testigo	*witness*
la fuente	*source*	la videoconsola	*video console*
el gremio	*trade, profession*		

Verbos

almacenar	*to store*	mostrar	*to show*
aportar	*to contribute*	prender (encender)*	*to turn on*
asediar	*to besiege, to pester*	pulsar	*to press*
bajar(se)	*to download*	recluir	*to limit, confine*
desarrollar	*to develop*	recoger	*to collect*
hacer clic	*to click*	retirar	*to remove*
languidecer	*to languish*	salir	*to leave, exit*
lidiar	*to fight*	tener cabida	*to have a place, belong*

Adjetivos

enganchado/a	*hooked*	promisorio/a	*promising*
notorio/a	*noteworthy*		

Otras expresiones

a lo sumo	*at most*

*español peninsular

CAPÍTULO 5

¿Qué sugieres?

OBJETIVOS COMUNICATIVOS

En este capítulo podrás

- dar recomendaciones bien justificadas

- expresar tus opiniones y emociones

- pronunciar apropiadamente la *s* y la *z*

- discutir algunos de los problemas y desafíos que enfrentan los hispanos en la actualidad

CONTENIDO

5-1 **Desafíos.** Prepara una lista de los principales desafíos a los que se enfrentan los estudiantes universitarios en su vida diaria, por lo menos dos por cada categoría. Al terminar, compara tu lista con la de otro/a compañero/a y decidan juntos cuáles son los tres problemas más importantes a los que se enfrentan en este momento.

Estudios	Finanzas	Relaciones	¿Otros?
1.	1.	1.	
2.	2.	2.	

Los tres problemas que más nos afectan a mi compañero/a y a mí son:

_____, _____ y _____.

 5-2 **Encuesta.** Ahora preparen una breve encuesta para determinar hasta qué punto los desafíos identificados en la actividad **5-1** afectan también a otros estudiantes de esta clase. Al terminar, preparen un breve reporte. Usen el siguiente cuadro como guía.

Problema	Le preocupa(n) mucho	Le preocupa(n) un poco	No le preocupa(n)
¿Te preocupan _los altos precios de la matrícula?_	Joe, Mary, Katie, Eric y Sue	Pat y Alan	Julie
1.			
2.			
3.			

El problema que más les preocupa a los estudiantes de esta clase es:

_____.

5-3 **Causas y soluciones.** Clasifiquen las siguientes palabras según su significado. ¡Ojo! Algunas palabras pueden tener más de una clasificación.

los celos	la irresponsabilidad	quejarse
comprender	juzgar	respetar
el diálogo	las mentiras	tener paciencia
enfadarse	la negociación	

Causas de problemas	Soluciones

5-4 **Definiciones.** Usando las mismas opciones de la actividad **5-3**, un estudiante va a dar una definición en sus propias palabras, y el otro estudiante va a tratar de adivinar de qué palabra se trata. ¡Ojo! Tienen 30 segundos cada uno.

Modelo: E1: *Cuando una persona no cumple con sus obligaciones.*
E2: *¿La irresponsabilidad?*
E1: *¡Así es!*

5-5 **Posibles soluciones.** Usando el vocabulario anterior, túrnense identificando posibles causas y posibles soluciones para los desafíos identificados en la actividad **5-1**.

Modelo: E1: *¿Cuál es la causa de <u>las peleas con nuestras parejas</u>?*
E2: *Pues, pienso que algunas veces <u>los celos</u> son la causa de esas peleas.*
E1: *Sí. Estoy de acuerdo. Y, ¿cuál es una posible solución?*
E2: *Creo que <u>el diálogo</u> es la mejor solución.*

5-6 **Para estudiantes en el extranjero.** Con un/a compañero/a, preparen una lista de los desafíos que han enfrentado durante su estadía en este programa y lo que han hecho para resolverlos.

Antes de leer

 5-7 **Para discutir.** Discute con un/a compañero/a las siguientes preguntas.

1. ¿Cuáles son en tu opinión los principales problemas a los que se enfrentan los jóvenes hoy en día?

2. ¿En qué aspectos crees que los jóvenes de hoy en día están mejor que los de las generaciones anteriores?

 5-8 **Ampliemos nuestro vocabulario.** Usa tu diccionario o tu buscador preferido en Internet para investigar el significado de las siguientes palabras. Asegúrate de explicar cada una de ellas con tus propias palabras.

1. amenazar _____

2. empeorar _____

3. coartar _____

4. el paro _____

5. el fracaso _____

6. el abandono _____

7. la pensión _____

8. el endeudamiento _____

Problemas y desafíos de los jóvenes en España
en la actualidad

Los ocho grandes problemas que amenazan a los jóvenes españoles Paro, fracaso escolar, subcualificación, malos hábitos, unas pensiones tardías... el escenario para los jóvenes españoles es malo y la tendencia es a empeorar.

values

to be worse off

La crisis económica no solo es una crisis política y de valores°, sino también social, educativa y de estructura nacional. Pero ¿quiénes van a salir peor parados°? ¿Quiénes están ya sufriendo las consecuencias de una sociedad que coarta sus necesidades de crecimiento, de desarrollo y de emancipación personal?: **Los jóvenes**.

Los grandes problemas a los que se enfrentan los jóvenes cuando tienen que dejar el hogar paterno son numerosos y no plantean un panorama nada esperanzador. Repasamos los ocho problemas que amenazan a nuestros jóvenes.

1. **El paro juvenil.** La tasa de paro juvenil en España está alcanzando cuotas verdaderamente preocupantes: **uno de cada cuatro jóvenes está en situación de desempleo**. De hecho, la tasa llega al 33,6% y ya suma **la cuarta parte del paro juvenil**

de la eurozona, según los datos hechos públicos por Eurostat el pasado 23 de julio del 2009.

2. **Los «ni-ni»**. Ni estudian ni trabajan, así se conoce al sector de jóvenes que no ha conseguido acceder° al mundo laboral pero tampoco está formándose para acometer° su vida laboral porque ya lo ha realizado o porque pretende iniciar su incursión en un trabajo. España presenta uno de los porcentajes más elevados de adolescentes o jóvenes que ni estudian ni trabajan. Este hecho disminuye también la edad de **incorporación a la delincuencia**.

enter

undertake

3. **El fracaso escolar**. La cifra de fracaso escolar en España es del 31%. Ese dato nos muestra el abandono escolar temprano, es decir, personas que dejan de estudiar cuando tan solo tienen la educación secundaria.

4. **La ocupación sobrecualificada**. El 20% de la gente joven trabaja en puestos de trabajo que les exige menos capacidad que la preparación que han tenido.

5. **La cultura y los hábitos.** España no goza de una educación fomentada° en la cultura del esfuerzo°. En este sentido, los

based

effort

jóvenes tienen unos **hábitos de vida que pasarán factura° cuando la persona esté en la plenitud de la vida**: propensión a consumir alcohol y drogas, pérdida de audición debido al gran uso de auriculares, vida nocturna, relaciones sexuales anticipadas, lo cual conlleva al desarrollo de enfermedades de diversa índole°, y embarazos no deseados.

take their toll

type

6. **Las pensiones.** Los jóvenes de hoy en día tendrán que trabajar más tiempo y alargar su vida laboral.

7. **El endeudamiento.** Tenemos una **economía insolidaria** con el futuro. Las cifras del endeudamiento del Estado español representan el 34% del PIB, algo que la mayoría de los países no desearían.

8. **Medio ambiente.** Los jóvenes de hoy en día no solo van a enfrentarse a un ecosistema mermado° sino que la desprotección que sufre el paisaje en la actualidad o las condiciones pésimas de algunos entornos° legarán° **una herencia de difícil recepción** para las futuras generaciones.

lessened

environments

pass along

Después de leer

¿Comprendiste bien?

1. Completa el siguiente cuadro indicando los distintos problemas a los que se enfrentan los jóvenes españoles, el porcentaje afectado (si no lo indica, escribe "Sin información") y las consecuencias que esto produce. En el caso de que no se especifiquen en el texto, razónalas por ti mismo.

Problema	Porcentaje de jóvenes afectados	Consecuencias

2. Explica la procedencia de la expresión «ni-ni».

3. **Para debatir.**

   a. ¿Cuál es en tu opinión el problema más grave al que se enfrentan los jóvenes españoles?

   b. En comparación con España, ¿qué problemas experimentan hoy en día los jóvenes en Estados Unidos?

   c. ¿En qué aspectos crees que los jóvenes de hoy en día están mejor que los de las generaciones anteriores?

   d. ¿Qué crees que se podría hacer para mejorar la situación de los jóvenes actuales?

5-10 Consejos. El profesor Roberto y Soraya van a dar algunas recomendaciones. Escúchalos con atención y completa los cuadros.

Los consejos de Roberto

¿Cuál es el problema de Marta?

¿Qué consejos le da Roberto? (Menciona 2).

Las recomendaciones de Soraya

¿Qué nos explica?

¿Por qué nos lo recomienda?

¿Qué consejos nos da? (Menciona 2).

5-11 **Detalles importantes.** Escucha de nuevo los segmentos y escoge la/s opción/es correcta/s:

1. Roberto es un profesor de…
   a. sociología.
   b. matemáticas.
   c. biología.
   d. psicología.

2. El tema que le sugiere el profesor a Marta para su trabajo extra es:
   a. la niñez
   b. la drogadicción
   c. la adolescencia
   d. la depresión

3. La estrategia que sugiere el profesor para las entrevistas que debe hacer Marta es:
   a. en grupos de 3 a 5 estudiantes
   b. en parejas
   c. individualmente
   d. con todo el grupo

4. ¿Qué le preocupa al profesor?
   a. las amigas de Marta
   b. la ropa que usa Marta en la clase
   c. el teléfono de Marta
   d. los libros de Marta

5. ¿Cuáles de las siguientes atracciones de Madrid nos recomienda Soraya? (Indica todas las que correspondan).
   a. el Palacio Real
   b. el Museo del Prado
   c. el Parque del Retiro
   d. la Universidad Complutense
   e. la Plaza Mayor
   f. el barrio de La Latina
   g. la Puerta del Sol
   h. la Catedral
   i. el Mercado de San Miguel
   j. el Museo Reina Sofía

6. ¿Cuáles platos típicos nos recomienda? (Indica también todos los que correspondan).
   a. la paella
   b. el pulpo
   c. la sepia
   d. el mazapán
   e. las tapas
   f. la tortilla de patatas
   g. el chorizo
   h. el jamón
   i. las sardinas
   j. las almejas

7. ¿A qué hora nos recomienda Soraya que salgamos a cenar en Madrid?

8. Menciona las dos ciudades vecinas a Madrid que nos recomienda Soraya, y lo que nos sugiere que veamos (o hagamos) allí.

En…	Debemos…

5-12 Dictado. Finalmente, escucha de nuevo un par de segmentos de las entrevistas, y completa los párrafos.

ROBERTO: Te voy a empezar por recomendar que

(1) _____, ¿verdad? Porque siempre en la

privacidad de tu casa, (2) _____, tienes al

alcance el Internet, tienes los libros, en fin.

El hogar, pues es un lugar donde fantásticamente

(3) _____. Entonces, sí te recomiendo que

(4) _____.

Eso te ayudará indudablemente, para que cuando

(5) _____, y la expongas aquí en clase,

¿verdad?, pueda ser una cosa más construida, más cohesiva, más fluyente

precisamente.

SORAYA: Os recomiendo también (1) _____, os

recomiendo que (2) _____,

por ejemplo, la Universidad Complutense de Madrid.

Tenemos un campus enorme, es precioso y con miles de estudiantes que

os va a impresionar. Así que si (3) _____,

no lo dudéis. También tenéis que tener en cuenta, y esto es una gran

recomendación, que (4) _____ porque es

maravillosa.

5-13 Para discutir. En pequeños grupos, discutan las siguientes preguntas.

1. ¿Están ustedes de acuerdo con Roberto cuando dice que los medios de comunicación modernos pueden ser perjudiciales para los estudiantes? Expliquen su respuesta y den ejemplos concretos.

2. ¿Qué opinan de la siguiente frase de Soraya: «aprender y crecer está en los libros de alguna manera, pero donde más está es en viajar, y en conocer gente, y en abrirse la mente y en entender a los demás»? Den algunos ejemplos para respaldar sus opiniones.

Análisis del discurso

Los ejemplos anteriores ilustran la manera en que los hispanos ofrecen consejos o recomendaciones. Nota cómo se ofrece primero un **preámbulo** (o introducción al tema), el cual es seguido por algunas **recomendaciones concretas**, y se cierra con una **recomendación final** (la cual por lo general resume o refuerza lo dicho anteriormente).

 5-14 **Los negocios.** Organiza las siguientes frases para formar una recomendación coherente.

_____ Es importante tener un contacto directo con el comprador y establecer una relación personal de confianza.

_____ Antes de explicarle todo lo que sabes sobre el producto, tómate el tiempo de entender las necesidades de la persona que tienes en frente.

_____ Para tener éxito en los negocios hay que saber escuchar al cliente.

_____ También es recomendable ofrecer varias opciones, para que así el cliente tenga la oportunidad de escoger la opción que más le favorece.

Estrategia comunicativa

Cómo mantener el ritmo y la temática de una charla

Durante una conversación, es frecuente enlazar las intervenciones de cada participante, repitiendo la última palabra o frase enunciada. Observa el siguiente ejemplo:

Juan: ¿Qué te pareció la película?

Francisco: ¿La película? Pues, muy buena… Me encantó la fotografía y el guión. ¿Y a ti?

Juan: ¿A mí? Bueno, el guión me pareció genial, pero creo que me gustó más la música.

Francisco: ¿La música? Estás loco… Yo creo que…

Escucha de nuevo la conversación de Marta con su profesor Roberto y presta atención a la manera en la que ella hace uso de esta estrategia para mantener el ritmo y la dinámica de la conversación.

A. El subjuntivo

El subjuntivo es un modo verbal que expresa una perspectiva especial entre el hablante y las acciones o estados a los cuales se refiere. Se usa por lo general en cláusulas subordinadas, para dar consejos, expresar emociones y opiniones, y también, como lo vimos en el capítulo anterior, para dar mandatos.

Como recordarás, para su conjugación, puedes simplemente reemplazar la **o** final de la primera persona del indicativo y añadir las terminaciones típicas del subjuntivo (verbo **-ar: -e, -es, -e, -emos, -éis, -en**; verbos **-er/-ir: -a, -as, -a, -amos, -áis, -an**).

En el subjuntivo hay verbos con cambios ortográficos (aquellos que terminan en **-car, -gar, -guar** y **-zar**). Por ejemplo: **buscar** (busque, busques, busque…); pagar (pague, pagues, pague…); **averiguar** (averigüe, averigües, averigüe…); **alcanzar** (alcance, alcances, alcance…).

Algunos de los principales verbos con formas irregulares en el subjuntivo son:

conocer	conozca, conozcas, conozca…
dar	dé, des, dé, demos…
decir	diga, digas, diga…
estar	esté, estés, esté…
haber	haya, hayas, haya…
ir	vaya, vayas, vaya…
saber	sepa, sepas, sepa…
ser	sea, seas, sea…
tener	tenga, tengas, tenga…

B. El subjuntivo para dar consejos

Recuerda que el subjuntivo se usa en cláusulas subordinadas, cuando el verbo en la cláusula principal expresa consejo o sugerencia.

Aconsejo que te **juntes** con gente nativa.

Recomiendo que **hables** con la gente mayor.

Sugiero que no **pierdas** el tiempo leyendo los letreros pequeñitos en los museos.

Los verbos más frecuentes para dar sugerencias son:

aconsejar	pedir	prohibir	rogar
desear	permitir	querer	sugerir
insistir en	preferir	recomendar	

También es común usar expresiones impersonales tales como:

es bueno	es justo	es necesario	es urgente
es importante	es mejor	es preciso	

Ten en cuenta que el sujeto de la cláusula principal deber ser distinto al de la subordinada. De lo contrario, usamos el infinitivo y omitimos el **que**, como es el caso de las generalizaciones.

Consejo personalizado	Es necesario **que comas** productos naturales.
	Recomiendo **que hagan** ejercicio.
Generalización	Es necesario **comer** productos naturales.
	Recomiendo **hacer** ejercicio.

 5-15 **Situaciones.** Prepara los siguientes diálogos con un/a compañero/a.

1. **A punto de suspender el curso.**

Estudiante A

A pesar de que te esfuerzas, nunca sacas buenas notas, y estás a punto de suspender esta materia. Pídele ayuda y consejos a este/a compañero/a que siempre sale bien en sus exámenes y proyectos.

Estudiante B

Tu compañero/a está teniendo dificultades en este curso. Como tú siempre sales bien de las pruebas y proyectos, dale algunos consejos para mejorar su promedio.

2. **¡No pierdas tu puesto!**

Estudiante A

Trabajas en un restaurante local para ayudarte con los gastos de la universidad, pero recientemente tu supervisora te ha llamado mucho la atención. Al parecer piensa que no llegas a tiempo, que no trabajas eficientemente y que los clientes no están satisfechos con tu servicio. Pídele consejos a este/a compañero/a de trabajo que al parecer no tiene este tipo de problemas.

Estudiante B

Tú y tu compañero/a trabajan en el mismo restaurante, pero él/ella está teniendo problemas. Al parecer la supervisora piensa que no llega a tiempo, que no trabaja eficientemente y que los clientes no están satisfechos con su servicio. Dale consejos sobre cómo mejorar su próxima evaluación.

3. **Para estudiantes en el extranjero: No me gusta la comida.**

Estudiante A

Aunque tu madre anfitriona es muy simpática, la verdad es que no te gusta la manera como prepara la comida. No quieres ofenderla, pero tienes hambre y no te puedes concentrar en tus estudios. Discute la situación con tu compañero/a y pídele un consejo.

Estudiante B

A tu compañero/a no le gusta la comida que prepara su madre anfitriona. No la quiere ofender, pero tiene hambre y no se puede concentrar en sus estudios. Dale una recomendación sobre cómo manejar esta situación.

C. **El subjuntivo para dar opiniones**

Cuando queremos dar opiniones afirmativas usando expresiones como **creo que**, **opino que** o **pienso que**, no necesitamos usar el subjuntivo en la cláusula subordinada.

>   **Pienso** que **debes** ser flexible.

>   **Creo** que **es** mejor adaptarse a las costumbres locales.

Sin embargo, si usamos estas expresiones en su forma negativa (**no creo que**, **no pienso que** o **no opino que**), el subjuntivo es requerido.

>   **No pienso** que **debas** cambiar totalmente tu manera de ser.

>   **No creo** que **sea** bueno pasar mucho tiempo con personas de tu misma cultura durante tu estancia en el extranjero.

 5-16 **Situaciones.** Prepara los siguientes diálogos con un/a compañero/a.

1. **¡Mi pareja es muy celosa!**

Estudiante A

Tú y tu pareja han estado saliendo juntos durante varios meses, pero él/ella está siempre celoso/a de cualquier persona que habla contigo o que te manda un mensaje. Explícale la situación a este/a compañero/a y pídele su opinión al respecto.

Estudiante B

Escucha lo que te va a contar este/a compañero/a acerca de su relación de pareja, y dale tu opinión al respecto.

2. ¡No funciona!

Estudiante A

Acabas de comprar un nuevo ordenador portátil y ya no funciona. Discute la situación con este/a compañero/a y pídele su opinión sobre este problema.

Estudiante B

Escucha lo que te va a contar este/a compañero/a acerca de su nuevo ordenador portátil, y dale tu opinión al respecto.

3. Para estudiantes en el extranjero: ¡No sé qué llevarle de recuerdo a mis padres!

Estudiante A

Te gustaría llevarles algo especial a tus padres como recuerdo de tu experiencia en el extranjero, pero no sabes qué escoger. Pídele su opinión a este/a compañero/a. Recuerda que hoy en día hay muchas restricciones de equipaje en vuelos internacionales.

Estudiante B

A tu compañero/a le gustaría comprarle un recuerdo de este país a sus padres en Estados Unidos. Dale tu opinión acerca de algunas de las cosas que podría llevarles.

D. **El subjuntivo para expresar deseos y emociones**

De manera similar, se usa el subjuntivo en cláusulas subordinadas cuando queremos expresar deseos y emociones.

Deseos	
confiar en, desear, esperar	agradar*, alegrarse de*, encantar*, fascinar*, gustar* disgustar*, doler*, fastidiar*, molestar*, preocupar* lamentar, odiar, sentir, temer, tener miedo de

*Estos verbos se conjugan como el verbo "gustar"

Lamento que **hayas** reprobado esa clase.

Espero que **te recuperes** pronto.

Me encanta que **participes** en un programa de estudios en el extranjero.

 5-17 **Situaciones.** Prepara los siguientes diálogos con un/a compañero/a:

1. **¡Me voy a casar!**

> **Estudiante A**
> Tu pareja acaba de pedirte matrimonio. Cuéntale las buenas noticias a tu compañero/a.

> **Estudiante B**
> La pareja de tu compañero/a acaba de pedirle matrimonio. Averigua los detalles y expresa tu alegría y buenos deseos.

2. **¡Perdí mi puesto!**

> **Estudiante A**
> Acabas de recibir una carta de tu jefe informándote que has sido despedido/a. Cuéntale las malas noticias a tu compañero/a.

> **Estudiante B**
> Tu compañero/a acaba de saber que ha sido despedido/a de su puesto. Averigua lo que sucedió y exprésale tu apoyo y comprensión.

3. **Para estudiantes en el extranjero.**

Estudiante A

Te ha gustado tanto tu experiencia en este país que has decidido quedarte a estudiar otro semestre. Comparte tu decisión con este/a compañero/a.

Estudiante B

Tu compañero/a ha decidido quedarse en este país a estudiar por otro semestre. Exprésale tu alegría y tus buenos deseos.

E. **El subjuntivo para las descripciones**

El subjuntivo es requerido en cláusulas subordinadas cuando describen objetos o personas que no existen, o de cuya existencia no estamos seguros.

cláusula principal	que	cláusula descriptiva subordinada de objetos o personas desconocidas
Quiero casarme con una chica	que	sea bonita e inteligente

Necesitamos un empleado que **tenga** experiencia en ventas y que **conozca** bien la ciudad. No es preciso que **tenga** un título universitario, pero necesitamos a alguien que se **pueda** expresar bien y que **aprenda** rápidamente.

5-18 **Situaciones.** Prepara los siguientes diálogos con un/a compañero/a.

1. **Necesito un lugar donde vivir.**

Estudiante A

Imagina que en tu compañía te han hecho un traslado a un país de habla hispana y que necesitas conseguir un lugar donde vivir. Llama a una inmobiliaria local y diles el tipo de apartamento o casa que te gustaría.

Estudiante B

Tú trabajas para una compañía inmobiliaria en un país de habla hispana, y tienes a un cliente en el teléfono. Obtén toda la información necesaria para ayudarle a encontrar el lugar ideal.

2. **Busco un trabajo.**

Estudiante A

Imagina que quieres trabajar por un tiempo en un país de habla hispana. Ponte en contacto con una agencia de empleo y descríbeles el tipo de trabajo que te gustaría hacer.

Estudiante B

Tú trabajas para una agencia de empleo en un país de habla hispana. Un aspirante está en el teléfono y necesita tu ayuda. Hazle todas las preguntas necesarias para poder encontrarle el trabajo perfecto.

3. **Para estudiantes en el extranjero.**

Estudiante A

Imagina que tú y algunos de tus amigos quieren salir de excursión este fin de semana. Llama a una agencia de viajes y descríbeles el tipo de destino y los servicios que ustedes buscan.

Estudiante B

Trabajas para una agencia de viajes y tienes a un cliente en la línea. Averigua toda la información necesaria para determinar el destino y los servicios que requiere.

F. **El subjuntivo para expresar propósito, condición o futuro**

Recuerda que el subjuntivo es requerido en cláusulas subordinadas después de ciertas conjunciones:

Propósito	Condición	Futuro
a fin de que	con tal de que	antes (de) que
para que	en caso de que	cuando
	a menos que	después (de) que
		en cuanto
		hasta que
		mientras que

Voy a invitarte a mi fiesta **para que** <u>conozcas</u> a mi primo Fernando. Es un muchacho guapísimo y muy inteligente. Quiero que lo conozcas (**a menos que** <u>estés</u> ya saliendo con alguien…). Pero bueno, no te digo más. Estoy segura de que te encantará Fernando **después de que** <u>tengas</u> la oportunidad de conocerlo.

«Entonces, te recomiendo que pongas más atención en las tareas. Eso te ayudará indudablemente, **para que** cuando vengas y traigas ya tu teoría y la expongas aquí en clase, pueda ser una cosa más construida, más cohesiva y más fluyente».

5-19 **Situaciones.** Prepara los siguientes diálogos con un/a compañero/a.

1. **Tengo grandes planes.**

Estudiante A

Discute con tu compañero/a tus planes para el futuro. Cuéntale lo que piensas hacer con tu vida después de la universidad, y averigua también sus planes.

Nota: En tu conversación, trata de usar las siguientes conjunciones: **cuando, después de que, hasta que, para que** y **a menos que.**

Estudiante B

Discute con tu compañero/a tus planes para el futuro. Cuéntale lo que piensas hacer con tu vida después de la universidad, y averigua también sus planes.

Nota: En tu conversación, trata de usar las siguientes conjunciones: **cuando, después de que, hasta que, para que** y **a menos que.**

2. **Para estudiantes en el extranjero.**

Estudiante A

Discute con tu compañero/a tus planes para continuar mejorando tu español después de regresar a Estados Unidos. Cuéntale lo que piensas hacer y averigua sus planes también.

Nota: En tu conversación, trata de usar las siguientes conjunciones: **cuando, después de que, hasta que, para que** y **a menos que.**

Estudiante B

Discute con tu compañero/a tus planes para continuar mejorando tu español después de regresar a Estados Unidos. Cuéntale lo que piensas hacer y averigua sus planes también.

Nota: En tu conversación, trata de usar las siguientes conjunciones: **cuando, después de que, hasta que, para que** y **a menos que.**

A. **Las conjunciones coordinantes**

Además de las conjunciones copulativas de adición que ya hemos estudiado (**y, e**), existen conjunciones copulativas de negación (**ni**) que se pueden repetir según el número de opciones.

> Para sacar mejores notas te recomiendo que estudies más **y** que participes en clase.

> No debes **ni** faltar a clase, **ni** entregar tarde tus asignaciones.

> «Los 'ni-ni'. **Ni** estudian **ni** trabajan, así se conocen al sector de jóvenes que no ha conseguido acceder al mundo laboral pero tampoco está formándose para acometer su vida laboral».

La conjunción o (u) es disyuntiva, es decir que conecta frases que se refieren a realidades distintas o a dos (o más) variantes de una misma realidad. Cuando hay más de dos opciones, la **o** se repite. También se puede usar la locución conjuntiva **o bien** (la cual se puede usar también repetidamente, o en combinación con la conjunción **o**).

> ¿Vas a hablar con el profesor **o** con su asistente?

> Si sacaste una mala nota **o bien** puedes hablar con tu profesor **o bien** puedes contratar un tutor.

> Después de mi clase de química **o** voy a casa **o bien** voy al gimnasio un rato.

Cuando se quiere dar la idea de contraposición, se usan conjunciones coordinantes adversativas como **pero/mas**, **sino (que)** y **aunque**. (¡OJO!: **mas** como conjunción nunca lleva tilde y siempre tiene el mismo significado que **pero**).

> **Aunque** hice la tarea anoche, voy a repasar un poco antes de clase para entender mejor el tema de hoy.

> Yo estudio bastante **pero/mas** desafortunadamente no saco buenas notas.

> Mi prima Luisa no estudia, **sino que** trabaja.

> La crisis económica no solo es una crisis política y de valores, **sino** también social, educativa y de estructura naciona

Finalmente, se usan las conjunciones coordinantes explicativas **o sea**, **es decir** y **esto es** cuando queremos ampliar o clarificar una idea.

> Necesitas condiciones óptimas para estudiar, **es decir**, no debes estudiar en medio de tanto ruido.

> Cuando tengas dudas debes preguntar, **o sea**, no debes quedarte callado.

> «La cifra de fracaso escolar en España es del 31%. Ese dato nos muestra el abandono escolar temprano, **es decir**, personas que dejan de estudiar cuando tan solo tienen la educación secundaria».

5-20 Un producto milagro. Agapito compró un producto para adelgazar, pero no está muy contento con sus resultados. Esta es la carta de reclamación que él envió al servicio de atención del cliente de la compañía. Léela y escribe la conjunción coordinante correspondiente.

Estimado servicio de atención al cliente:

Hace dos semanas compré sus barritas para perder peso Adelgazamatrix 3000. Según las instrucciones del paquete «se debe tomar una barrita a la hora del desayuno y una a la cena. (1) _____ dos barritas con el desayuno». Yo he seguido las instrucciones al pie de la letra, y no solo no he perdido peso, (2) _____ he ganado cinco libras en dos semanas. Yo me levanto todas las mañanas y me tomo la barrita con el desayuno, (3) _____, mi plato de tocino con huevos y la barrita Adelgazamatrix. Después de esto, (4) _____ me como un sándwich si todavía tengo hambre, (5) _____ me tomo otra barrita para adelgazar un poco más. Al mediodía siempre almuerzo muy ligero: un cocido de ternera con garbanzos (6) _____ otras legumbres que tenga en casa, y ya no como más barritas en el día, salvo por la noche, que me tomo dos más antes de acostarme. Creo que su producto es una estafa: (7) _____ me siento más ligero (8) _____ pierdo peso (9) _____ nada, así que les pido que me devuelvan el dinero que me he gastado.

Atentamente,

Agapito Fuentes

5-21 **La tienda de los horrores.** Es un día muy atareado en la oficina de quejas. Hay muchos productos que no funcionan bien y los clientes están molestos. En parejas, preparen una escena en la que un alumno es el cliente con un producto defectuoso y quiere recuperar su dinero. El otro alumno es el dependiente de la oficina de quejas e intenta que el cliente se quede con el producto, o bien intercambiarlo por otro producto. Aquí tienen una lista de productos defectuosos que pueden utilizar:

1. Una televisión que solo se ve en blanco y negro.
2. Un teléfono que solo recibe llamadas los fines de semana.
3. Una silla plegable que se cierra automáticamente.
4. Una computadora con el sistema operativo en ruso.
5. Una bicicleta sin frenos.

 B. **El subjuntivo en tiempos compuestos**

Como se indicó anteriormente, el subjuntivo se requiere en la cláusula dependiente de ciertas oraciones (las que sugieren duda, recomendación, etc.). La forma específica del subjuntivo que seleccionemos dependerá entonces del contexto creado por la cláusula principal y sus antecedentes. En el habla formal (y la escrita) es común usar los siguientes tiempos compuestos para transmitir con precisión el momento y las circunstancias de la acción.

Tiempos perfectos		Tiempos progresivos	
Presente perfecto de subjuntivo	**Pluscuamperfecto de subjuntivo**	**Presente progresivo de subjuntivo**	**Imperfecto progresivo de subjuntivo**
haya estudiado	*hubiera estudiado*	*esté estudiando*	*estuviera estudiando*
No sé qué hizo Juan ayer. Es posible que **haya estudiado** mucho, pero no estoy seguro.	Habría estudiado más, si **hubiera tenido** más tiempo	Es posible que Juan **esté estudiando** en este momento	Es posible que Juan **estuviera estudiando** cuando lo llamé a su casa anoche.
El contexto indica que hablamos de una acción completa en el pasado.	El contexto indica que estamos presentando una hipótesis sobre el pasado	El contexto indica que estamos haciendo una conjetura respecto a una acción presente en desarrollo.	El contexto indica que se trata de una conjetura sobre un evento pasado.

Nota que el verbo auxiliar va en el subjuntivo y que este concuerda con el sujeto de la frase. Los verbos principales o bien van en su forma del participio pasado (**-ado/-ido**), o bien en el gerundio (**-ando/-iendo**) dependiendo de si se trata de tiempos perfectos (participio pasado) o progresivos (gerundio). Cuando usamos el pluscuamperfecto de subjuntivo siempre aparecen dos oraciones, una en condicional y otra en pluscuamperfecto de subjuntivo (el orden en el que aparezcan es indiferente).

5-22 Las cartas del doctor Amor. Nuestro amigo, Descorazonado, tiene un problema con su novia, y escribió al consultorio del doctor Amor pidiendo consejo. Lee la carta y utiliza el tiempo **perfecto de subjuntivo** adecuado para completar los espacios en blanco.

Estimado Descorazonado:

He leído tu correo en el que tienes dudas de tu relación con tu novia porque ella gana más dinero que tú. Antes de todo, debes pensar que los tiempos ya han cambiado. Es posible que en el siglo pasado tu novia te (1) _____ (abandonar) por ganar poco dinero, pero hoy en día es diferente. Pienso que ella no está contigo por tu dinero, sino por el amor que te tiene. Si ella (2) _____ (buscar) un novio que gane más dinero que ella, no estaría saliendo con un mesero. Tuvo que ser difícil para ti cuando ella pagó vuestro viaje a Cancún por una semana, pero creo que aunque (3) _____ (ahorrar) durante dos años no podrías haberlo pagado. Descorazonado, debes superar este miedo al rechazo. No creo que tu novia (4) _____ (pensar) en abandonarte por tus escasos ingresos, sino por tu falta de confianza en ti mismo. Quizás no (5) _____ (hacer) otras cosas que ella considera importantes: ¿has hablado con ella sinceramente de esto? Espero que mis consejos te (6) _____ (servir) de ayuda.

Doctor Amor

5-23 **Las actividades de los famosos.** ¿Qué crees que estén haciendo los personajes famosos en este momento? Túrnense mencionando personajes de actualidad y diciendo lo que piensan que están haciendo. No se olviden de utilizar **esté + gerundio** para expresar sus conjeturas.

> **Modelo:** E1: *¿Qué crees que esté haciendo **Jennifer Lawrence** en este momento?*
> E2: *Pues, es posible que ella esté grabando una nueva película en este momento.*
> E1: *¿Y qué crees tú que esté haciendo **Penélope Cruz en este momento**?*
> E2: *Es posible que ella esté visitando a su familia en España.*

5-24 **Mi perro se comió la tarea.** Entregar siempre las tareas a tiempo es difícil. A veces debemos hablar con nuestros profesores porque se nos pasó el plazo de entrega. Vamos a practicar cómo hablar con un/a profesor/a sobre estos temas. Prepara con un/a compañero/a la siguiente situación, para representarla luego en clase.

Estudiante

Tenías que entregar un trabajo la semana pasada y no lo hiciste. Ahora estás en la oficina del/de la profesor/a y necesitas explicarle las razones de tu retraso.

1. Dile qué pasó.
2. Explícale por qué no lo entregaste a tiempo.
3. Discute tus intenciones y por qué no las pudiste cumplir.
4. Razona por qué debe darte una extensión de tiempo.

Profesor/a

Este/a estudiante no entregó su trabajo a tiempo y ahora quiere otra oportunidad. Determina si tiene una buena justificación para su retraso.

1. Averigua por qué no entregó su trabajo a tiempo.
2. Discute las circunstancias del retraso. ¿Podría haber hecho algo diferente el/la estudiante para cumplir con sus obligaciones?
3. Explica por qué están puestos los plazos de entrega.
4. Decide si el/la estudiante consigue una extensión o no.

 **La s y la z**

La pronunciación de la letra **s** en posición inicial es igual a la del inglés:

Inglés	Español
seal	**s**ello
soul	**s**enda
Kelso	**s**obrecualificación
	sopa

En posición posnuclear, la **s** no se sonoriza como en inglés. Presta atención a los siguientes ejemplos:

Inglés	Español
nasal	be**s**o
music	celo**s**o
possession	de**s**empleo
	fraca**s**o
	pa**s**o
	pose**s**ión

En España, la **z** (al igual que la **c** antes de las vocales **e** o **i**) se pronuncian como la **th** del inglés. En Latinoamérica, no existe tal distinción.

España	zapato /ɵ/	caza /ɵ/	perdiz /ɵ/
Latinoamérica	zapato /s/	caza /s/	perdiz /s/

e Ahora, lee en voz alta las siguientes frases para practicar la pronunciación correcta de las consonantes **s** y **z**. Desde luego, puedes elegir la variedad dialectal que prefieras, siempre y cuando seas consistente:

1. La adolescencia es la edad donde hay más discrepancia, donde hay más contradicción, donde se encuentra una gama de diferencias y de opciones increíbles.

2. Bueno, claro, las puertas de mi oficina están abiertas todo el tiempo, y cuando se te ofrezca, con mucho gusto.

3. Y en Toledo os voy a recomendar que comáis una cosita que se llama el «mazapán», que es un dulce delicioso, que seguro que no lo habéis probado nunca.

4. Que al principio como os digo os va a costar un poquito, pero luego vais a ver que va a merecer la pena y que va a ser una experiencia que vais a tener en el corazón toda la vida.

5. España no goza de una educación fomentada en la cultura del esfuerzo. En este sentido, los jóvenes tienen unos hábitos de vida que pasarán factura cuando la persona esté en la plenitud de la vida.

Antes de leer

5-25 **Para discutir.** Discute con un/a compañero/a las siguientes preguntas.

1. ¿Qué aspectos de la vida moderna te causan estrés?
2. ¿Qué haces cuando te sientes agobiado/a o estresado/a?

5-26 **Ampliemos nuestro vocabulario.** Usa tu diccionario o tu buscador preferido en Internet para investigar el significado de las siguientes palabras. Asegúrate de explicar cada una de ellas con tus propias palabras.

1. la vulnerabilidad _____
2. los signos vitales _____
3. la cifra _____
4. huir _____
5. el trastorno _____
6. tardar _____
7. recurrir _____
8. la amenaza _____
9. la ira _____
10. placentero/a _____

Estados
alterados

spectacularly

Desde la crisis de 2001, los problemas de salud vinculados al estrés aumentaron estrepitosamente°. Un método novedoso permite diagnosticar nuestra vulnerabilidad al estrés y propone estrategias para manejarlo positivamente, como talleres y meditación.

Por MARIANA NIRINO
(adaptado)

Aunque tiene muy mala prensa, el estrés es, sin embargo, un estado que nos prepara tanto física como mentalmente para la acción ante determinados estímulos que demandan una respuesta a favor de nuestros intereses vitales.

Por ejemplo, si el semáforo cambia de verde a rojo cuando estamos cruzando la Avenida 9 de Julio, seguramente eso nos generará estrés. Al registrarse tal amenaza, el cerebro envía mensajes bioquímicos que provocan la liberación de hormonas como la adrenalina, y así se notifica rápidamente al organismo la necesidad de ponerse en acción. Inmediatamente, se produce una descarga de grasas y azúcares que se vuelcan en la sangre para proveer una inyección de energía. Ante el inminente aumento de requerimiento de oxígeno, se acelera la respiración y se incrementan la presión arterial y la frecuencia cardíaca. Pasado el peligro, el organismo vuelve paulatinamente a la normalidad. Prueba superada: este estrés es positivo, y se llama eustrés. Si este mecanismo, en cambio, se activa frecuentemente, porque todo el tiempo percibimos estímulos amenazantes que exceden nuestra capacidad de respuesta, el estrés se vuelve crónico y negativo, y se llama distrés. Entonces surgen cambios de conducta, como trastornos alimentarios, conflictos interpersonales, hábitos como fumar y beber en exceso, y trastornos emocionales, como irritabilidad, temor, ansiedad, angustia o desgano°, los cuales anticipan la aparición de una enfermedad.

apathy

DISTINTAS REACCIONES. Dado que el estrés surge de la percepción interna que cada uno tiene de las diferentes situaciones, lo que representa una amenaza para una persona no lo es para otra, o la estresa en distinta medida.

"Existe una falsa creencia de que el estrés no es medible o diagnosticable sobre fundamentos certeros. En general, la gente identifica tarde los síntomas del estrés o cuando ya han configurado una enfermedad", asegura Daniel López Rosetti, médico cardiólogo, presidente de la Sociedad Argentina de Medicina del Estrés (Sames).

En Sames, desarrollaron un método para diagnosticar el estrés que mide la sensibilidad física a agentes estresores así como las características psicológicas del individuo. Combinando los resultados se obtiene el perfil psicobiológico del estrés de cada paciente. Para determinarlo, hay que ingresar a un cuarto con paredes aislantes, equipado con un cómodo sillón y una computadora delante. Allí, conectada a electrodos que se comunican por cables de fibra óptica a un centro de cómputos, la persona se relaja con música y respiración abdominal. Los electrodos informan que ciertos signos (presión arterial, frecuencia cardíaca, variaciones electroencefalográficas, tensión muscular, temperatura dérmica y transpiración de la piel) están en su nivel basal, como cuando meditamos. Acto seguido, la persona atraviesa tres pruebas estresoras psicológicas: resolver un problema aritmético, jugar con un "video game" bien competitivo y sumergir la mano en agua fría durante un minuto. Las alteraciones en las variables biológicas y el tiempo que tarda la persona en volver al estado de calma entre prueba y prueba darán el veredicto que ya viene escrito en los genes:

"reactor tenso" (leve-moderado-grave) o "reactor calmo".

A este diagnóstico se le añaden los resultados de test psicológicos. "Uno de los más relevantes —dice el especialista— es el que evalúa el tipo de personalidad, que puede ser A o B, según la clasificación de Rosenman y Friedman. La persona con patrón de conducta tipo A es competitiva, hiperactiva, egocéntrica, perfeccionista, tiene tendencia a la agresividad y 2,5 veces más posibilidades de padecer un infarto° de miocardio. Además, es más propensa al colesterol alto, al accidente cerebrovascular y a la arterioesclerosis. La combinación explosiva es reactor tenso + personalidad A, pero el riesgo aumenta aun más si hay tres factores predominantes: hostilidad, ira y agresión".

heart attack

CIFRAS CONTUNDENTES°. En Argentina, la estrecha relación entre estrés y enfermedad queda reflejada en cifras que es inevitable vincular con la crisis económica del 2001. En la Fundación Favaloro, el número de internados con síndrome coronario agudo aumentó un 20% del último semestre de 2001 al primero de 2002. Las consultas por cuestiones psicosomáticas se triplicaron y las enfermedades cardíacas saltaron el círculo de los ejecutivos y aumentaron entre desocupados y personas de menor nivel educativo. En el Instituto Cardiovascular de Buenos Aires, las consultas crecieron en 2003 un 10% y según datos de la Fundación Cardiológica Argentina, el número de infartos en menores de 40 creció un 25% en la última década. La ansiedad y la depresión son dos síntomas muy frecuentes del estrés crónico, será por eso que el sistema de Salud Mental del Gobierno de la Ciudad recibió, durante 2003, 1,5 millones de consultas, 60.000 más que en 2002. Los trastornos del sueño son otro síntoma frecuente entre los estresados. Según un estudio del Club del Sueño en Buenos Aires, de 1.000 personas evaluadas, el 32% reconoció que su sueño había empeorado después de los episodios de 2001.

convincing

TESTIMONIOS Y SOLUCIONES

"A mí me estresa la tensión en la oficina, y cuando tengo un examen en la universidad. Últimamente, cuando me enfermo y voy al médico, me hacen los estudios y al final llegan a la conclusión de que fue por estrés. Para manejarlo, hago cosas que me divierten y me gustan, como ir a bailar o viajar", cuenta la contadora° Marina Esquivel, de 38 años.

bookkeepper

El publicista Héctor Neri (50), explica que en su juventud le diagnosticaron estrés y que aprendió a controlarlo: "Si no puedo concentrarme, si cada decisión me cuesta un gran esfuerzo mental, me sirve salir a la calle y cortar por media hora. Cambiar de ambiente, caminar, ver otras caras. Cuando vuelvo a la oficina, siempre estoy más tranquilo".

En general, la mayoría de las personas recurren intuitivamente a técnicas que les resultan placenteras y les permiten desactivar el estrés. Pero otras veces es conveniente buscar ayuda profesional.

"Frente a la crisis de 2001 era necesario implementar medidas de prevención por el clima de tensión que vivía la sociedad. Las más expuestas eran las personas de atención al público en las sucursales bancarias", cuenta la responsable del Sector de Capacitación de Recursos Humanos de una entidad bancaria internacional, que prefiere mantener el anonimato. De hecho, este banco contrató los servicios de un Programa de control y prevención del estrés. Estos programas constan de seminarios teórico-prácticos que explican qué es el estrés, cómo identificar lo que a cada uno lo estresa, y finalmente brindan estrategias y técnicas para poder prevenir el *estresaso*° o controlarlo. Estas van desde recomendaciones sobre hábitos saludables, estrategias cognitivo-conductuales (ayudan a identificar y modificar formas de pensamiento y acción), hasta técnicas de meditación y relajación.

extreme stress

MANTRAS. Diversos estudios demuestran que la meditación es un excelente aliado contra el estrés. En el nivel fisiológico, los electroencefalogramas y estudios por imágenes muestran que durante la meditación se reduce la actividad eléctrica cerebral y que los dos hemisferios funcionan coordinadamente, activándose zonas correspondientes a las emociones positivas y a la reducción de la ansiedad. "El eustrés permite prepararnos para actuar y enfrentar la vida con seguridad. Para estar seguro, hay que estar en estado de indefensión° porque estar a la defensiva crea tensión", explica el doctor Alberto Lóizaga, clínico y psiquiatra, fundador del Centro de Actitudes que Sanan. Allí funcionan talleres de meditación y programas de reducción del estrés. "Primero nos concentramos en ver que no hay un enemigo afuera —dice Lóizaga—. Frente a un hecho podemos atacar o huir, y ambas reacciones generan estrés. La otra opción es no convertirse en víctima sino en responsables de la actitud. La meditación permite descubrir que dentro nuestro existe la solución".

defenselessness

Después de leer

1. ¿Qué es el estrés y por qué la autora dice que tiene "mala prensa"?

2. Explica la diferencia entre eustrés y distrés.

3. Describe el método desarrollado por la Sociedad Argentina de Medicina del Estrés (Sames) para el diagnóstico del estrés.

4. ¿Qué evidencia nos proporciona la autora para demostrar la correlación entre el estrés y las enfermedades físicas o mentales?

5. **Para investigar.**

   ¿Qué fue la "Crisis de 2001" en Argentina? ¿Ha sucedido algo similar alguna vez en Estados Unidos?

6. ¿Qué síntomas tiene el estrés crónico y qué puede hacer una persona con este padecimiento?

7. ¿Por qué crees que la autora incluyó los casos de Marina Esquivel y Héctor Neri en su artículo?

8. ¿Qué argumentos nos da la autora para sustentar la tesis de que la meditación puede ser un arma útil contra el estrés?

9. **Ampliemos nuestro vocabulario.** Según el contexto, explica el significado de las siguientes frases o expresiones.

   a. agente estresor

   b. perfil psicobiológico

   c. patrón de conducta

   d. estrategias cognitivo-conductuales

   e. estar a la defensiva

10. **Para discutir.**

    a. ¿Creen que la meditación realmente puede contrarrestar los efectos negativos del estrés? Justifiquen su respuesta.

    b. ¿Están de acuerdo en que la solución de problemas psicológicos como el estrés está dentro de uno mismo? Expliquen su respuesta.

5-28 **Proyecto audiovisual.** Dale algunos consejos prácticos a un/a estudiante hispano/a que quiera venir a estudiar a tu universidad aquí en Estados Unidos.

Posibles temas:

- alimentación
- cursos
- trabajo
- transporte
- vida social
- vivienda

Nota: Los estudiantes en programas de estudio en el extranjero deben hacer un video dando consejos a futuros estudiantes que quieran tomar parte en este programa en el futuro.

 Después de preparar un borrador de tu presentación, pídele crítica constructiva a un/a compañero/a. Este/a compañero/a va a escuchar y a criticar tu presentación usando la siguiente lista de verificación y rúbrica.

Lista de verificación

¿Comenzó la presentación con un buen preámbulo?	Sí	No
¿Dio consejos en diferentes aspectos de la vida universitaria?	Sí	No
¿Presentó sus ideas de una manera clara y fácil de seguir?	Sí	No
¿Concluyó su presentación de una manera positiva?	Sí	No

Rúbrica

	Excelente	Bien	Aceptable	Deficiente
Variedad de consejos				
Organización				
Fluidez				

Después de escuchar las críticas que te ha hecho tu compañero/a, prepara la versión final de tu presentación.

Sustantivos

el abandono (escolar)	*(school) dropout*	el medio ambiente	*environment*
la agencia de empleo	*employment agency*	la mentira	*lie*
la amenza	*threat*	la niñez	*childhood*
el apoyo	*support*	la pareja	*couple*
los celos	*jelousy*	el paro	*unemployment*
la cifra	*figure*	la pelea	*fight*
el desempleo	*unemployment*	el puesto	*position, job*
el endeudamiento	*debt*	los signos vitales	*vital signs*
el entorno	*environment*	la sobrecualificación	*overqualification*
el esfuerzo	*effort*	la subcualificación	*underqualification*
el fracaso	*failure*	el trastorno	*disruption, upset*
la mala prensa	*bad reputation*	la vivienda	*dwelling*
la matrícula	*tuition*		

Verbos

acometer	*to undertake*	legar	*to hand down, pass on*
coartar	*to restrict*	pedir matrimonio	*to ask in marriage*
constar de	*to consist of*	plantear	*to propose*
empeorar	*to get worse*	(una alternativa)	*(an alternative)*
enfadarse	*to get angry*	quejarse	*to complain*
huir	*to flee*	recurrir	*to resort to*
juzgar	*to judge*	tardar	*to take (time)*

Adjetivos

agobiado/a	*overwhelmed*	placentero/a	*pleasurable*
celoso/a	*jealous*		

Otras expresiones

agente estresor	*stress agent*	patrón de conducta	*behavioral pattern*
estar a la defensiva	*to be on the defensive*	perfil psicobiológico	*psychobiological profile*
estrategias cognitivo-conductuales	*cognitive and behavioral strategies*	poner en riesgo	*to jeopardize*
		salir peor parado/a	*to be worse off*
pasar factura	*to take its toll*	tener paciencia	*to have patience*

OBJETIVOS COMUNICATIVOS

En este capítulo podrás

- explicar un tema con lenguaje claro y preciso.

- desarrollar un argumento de manera completa y coherente.

- usar una entonación y un acento apropiados al leer o expresar oraciones simples y compuestas.

- discutir temas ecológicos de actualidad desde varias perspectivas.

6-1 **La ecología.** Con un/a compañero/a, hagan una lista de las palabras que asocian con los siguientes temas.

Los problemas del medio ambiente	Cosas que podemos hacer para proteger la naturaleza

6-2 **Conceptos ecológicos.** Investiga el significado de los siguientes conceptos y úsalos para discutir con un/a compañero/a los problemas ecológicos que más les preocupan en este momento.

Modelo: E1: *A mí me preocupan mucho los desechos tóxicos. Por eso trato siempre de usar productos naturales y de reciclar.*
E2: *Sí. Estoy de acuerdo. Los desechos tóxicos son un problema muy serio, pero a mí me preocupa más la deforestación. Es por eso que participo como voluntario en un programa ecológico plantando nuevos árboles.*

El agotamiento de los recursos _____

La contaminación atmosférica _____

La deforestación _____

Los desechos tóxicos _____

La extinción de especies _____

Antes de leer

6-3 **Para discutir.** ¿Han oído hablar alguna vez del ecoturismo? En grupos, investiguen este concepto y expliquen cómo se diferencia del turismo tradicional. Si es posible, den también algunos ejemplos.

6-4 **Ampliemos nuestro vocabulario.** Empareja cada concepto con su definición.

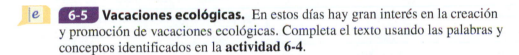

1. _____ el medio ambiente
2. _____ la gestión eficaz
3. _____ sostenible
4. _____ la estela de carbono
5. _____ los kilómetros alimentarios
6. _____ los principios medioambientales

a. que no destruye recursos, permitiendo su disponibilidad en el futuro

b. en general, se refiere a todo lo que nos rodea

c. normas para la protección de la naturaleza

d. el máximo aprovechamiento de recursos limitados

e. la cantidad de CO_2 emitido en la producción, comercialización o uso de un producto

f. costos y emisiones asociados con la producción y comercialización de la comida

6-5 **Vacaciones ecológicas.** En estos días hay gran interés en la creación y promoción de vacaciones ecológicas. Completa el texto usando las palabras y conceptos identificados en la **actividad 6-4**.

Descubra el placer del ecoturismo y
del contacto con la naturaleza

Disfrute de una fantástica escapada y piense en el medio ambiente

En los últimos años, hemos adquirido consciencia de la responsabilidad que tenemos con el medio ambiente, incluso en las vacaciones. El (1) _____ se ha desarrollado desde el dicho «Deja solo huellas (*footprints*), toma solo fotos», de modo que ni el paisaje, ni los animales, ni la comunidad local se vean alterados por nuestra presencia. Tener unos (2) _____ puede en realidad aumentar nuestro disfrute y ahorrarnos dinero, ofreciéndonos una fantástica escapada y una conciencia limpia.

Existen tres ámbitos principales que pueden reducir de manera eficaz el impacto que causamos en la naturaleza y así pasar unas vacaciones ecológicas: el viaje, el alojamiento y nuestro comportamiento diario durante las vacaciones. En relación al alojamiento, es evidente que alquilar una casa privada para las vacaciones permite una (3) _____ de la energía y es más sostenible que una habitación de hotel, ya que para empezar, uno mismo controla la luz, el aire acondicionado, la lavadora, la calefacción y el gasto en alimentación. Existen alojamientos ecológicos maravillosos y es indiscutible que viviendo en una cabaña de madera en los fiordos noruegos es más fácil controlar el impacto causado en el medio ambiente que alojándose en un hotel de Oslo en la misma semana, y me atrevo a decir que resulta más relajante.

El transporte es tanto uno de los temas principales sobre turismo (4) _____ y ecoturismo como un claro ejemplo de cómo una conciencia medioambiental puede en realidad aumentar la comodidad y el disfrute durante las vacaciones. ¿Por qué viajar en un estrecho e incómodo asiento en un avión cuando se puede viajar a través de la campiña en un amplio asiento en un tren de alta velocidad, a la vez que reduce las emisiones de transporte y su (5) _____? Las redes ferroviarias de Europa son extraordinariamente rápidas, permitiendo llegar a rincones remotos del continente en solo unas horas, al mismo tiempo que pone su granito de arena para contribuir al ecoturismo. Compruebe las rutas del TGV (tren de alta velocidad francés) a destinos ecológicos de Europa desde el punto de vista del transporte. Si decide volar, consulte las páginas www.climatecare.org y www.carbonneutral.com.

Tras su llegada al destino, existe una gran variedad de prácticas ecológicas que no solo ayudan a la región, sino que le proporcionan un entendimiento mucho más amplio de la zona. Alquilar una bici en lugar de un coche le permite ver, oler y oír mucho más de la sociedad local y comprar la comida local no solo proporciona un mayor conocimiento de los manjares locales, sino que también reduce los «(6) _____» (los costos y las emisiones de transporte causados por la importación de productos). El turismo sostenible y las vacaciones ecológicas son una elección fantástica, no solo porque ayudan al (7) _____, sino porque de este modo usted se acercará de forma automática a la sociedad y a la naturaleza mientras se aloja en una casa ecológica.

Después de leer

6-6 **¿Comprendiste bien?** Responde a las siguientes preguntas acerca de la lectura.

1. ¿Cuáles son las tres áreas principales que definen a unas vacaciones ecológicas?

   a. _____

   b. _____

   c. _____

2. Menciona dos ventajas de las siguientes opciones turísticas.

   a. Alquilar una casa privada

   b. Viajar en tren

   c. Alquilar una bicicleta

   d. Comprar la comida local

6-7 Para investigar. Prepara una breve presentación sobre un destino ecoturístico en España o América Latina. Indica dónde está, por qué se considera ecoturístico, y sobre todo, por qué te gustaría ir allí.

Nota: Los estudiantes en programas de estudio en el extranjero deben visitar una agencia de viajes local, y averiguar los destinos turísticos disponibles en ese país. Algunos estudiantes serán escogidos al azar para presentar los resultados de su investigación.

 6-8 El ecoturismo es mejor. Con un/a compañero/a, practiquen la siguiente conversación. Al terminar, intercambien los papeles.

Estudiante A	Estudiante B
Las vacaciones se aproximan, y a ti te gustaría pasar unas vacaciones ecológicas. Convence a tu compañero/a de que te acompañe al destino que investigaste en la actividad **6-7.**	Las vacaciones se aproximan, y a ti te gustaría pasar unos días en Las Vegas. Convence a tu compañero/a de que te acompañe a esa divertida ciudad.

 6-9 Al rescate del planeta. Investiga y explica con tus propias palabras los siguientes conceptos.

1. el calentamiento global
2. el efecto invernadero
3. el reciclaje
4. la reforestación

6-10 **El efecto invernadero.** Observa el siguiente video y contesta las preguntas.

1. ¿Cuál es una de las principales funciones de la atmósfera?

2. ¿Cuáles son los gases del efecto invernadero? (Menciona tres).

    a. _____

    b. _____

    c. _____

3. ¿Qué función desempeñan estos gases?

4. ¿Cuál es la importancia del efecto invernadero?

5. ¿Cómo ha influido la actividad humana en la cantidad de gases del efecto invernadero en la atmósfera?

6. Según el profesor, ¿existe una clara conexión entre el cambio climático y el aumento de los gases del efecto invernadero?

6-11 **Dictado.** Completa el texto con la información que proporciona el profesor en su charla.

El efecto invernadero generado por nuestra atmósfera (1) _____

_____,

y que crea las condiciones de temperatura (2) _____

_____.

Sin embargo, (3) _____,

la cantidad de calor retenido aumenta y (4) _____

_____ .

6-12 **Para discutir.** En su opinión, ¿cuál debería ser nuestra respuesta al aumento de gases del efecto invernadero?

Análisis del discurso

Como pudiste observar anteriormente, la estructura lógica de una presentación técnica o científica es la siguiente:

1. Preámbulo (una introducción general al tema, y una presentación del argumento central de la presentación).

2. Evidencia (datos que demuestran la validez del argumento central).

3. Conclusiones (reiteración del punto central de la presentación, y en ocasiones las consecuencias o implicaciones prácticas del mismo).

 6-13 Argumentación. Observa de nuevo el video, y toma nota de la manera en la que el profesor estructuró su argumento.

Preámbulo	
Evidencia	
Conclusiones	

Estrategia comunicativa

Las conclusiones

Para cerrar un argumento, puedes usar una de las siguientes expresiones:

A modo de conclusión (final)…

En conclusión…

En resumen…

En síntesis…

Para concluir…

Para recapitular…

Enfoque gramatical

 A. El futuro

El tiempo futuro se usa para hablar de planes, o para hacer predicciones. Para su formación simplemente se añaden las terminaciones invariables a la forma infinitiva del verbo (**-ar/-er/-ir**: dormir**é**, dormir**ás**, dormir**á**, dormir**emos**, dormir**éis**, dormir**án**).

Nota: recuerda que no hay distinción entre los verbos **-ar, -er** o **-ir** en el futuro.

En el año 2050, más de la mitad de los coches **serán** eléctricos.

Las emisiones de carbono **se reducirán** en un 25 por ciento.

«El turismo sostenible es una elección fantástica porque usted **se acercará** de forma automática a la sociedad y a la naturaleza».

Entre los verbos con formas irregulares en el futuro tenemos:

Verbos con raíz corta	Verbos que eliminan la -e-	Verbos que cambian a -dr-
decir → diré	caber → cabré	poner → pondré
hacer → haré	haber → habré	salir → saldré
	poder → podré	tener → tendré
	querer → querré	valer → valdré
	saber → sabré	venir → vendré

En el futuro, las casas **tendrán** sistemas computarizados para manejar todos los servicios.

En veinte años, **habrá** trenes de gran velocidad entre todas las grandes ciudades de Estados Unidos.

«Una nueva publicación que **saldrá** en el *Physical Review Letters* arroja nueva evidencia sobre el efecto de los humanos en el cambio climático».

«En caso de catástrofe, dirigirse a las salidas de emergencia; como **podrán** ver no hay ninguna».

 6-14 **Una bola de cristal.** ¿Cómo será la vida dentro de veinte años? En parejas, preparen algunas predicciones para el futuro en las siguientes áreas.

1. el transporte
2. la vivienda
3. la alimentación
4. las comunicaciones
5. el medio ambiente

6-15 **Para estudiantes en el extranjero.** ¿Qué harán al regresar a casa? Prepárense para hablar de sus planes al regresar a Estados Unidos, una vez concluido este programa de estudios en el extranjero.

B. El condicional

El modo condicional se usa para hablar de situaciones posibles o hipotéticas. Al igual que el futuro, sus terminaciones no varían (son iguales para verbos que terminan en **-ar, -er** o **-ir**) y simplemente se ponen al final del infinitivo para su conjugación (cantar**ía**, cantar**ías**, cantar**ía**, cantar**íamos**, cantar**íais**, cantar**ían**).

Si usáramos medios de transporte masivo, **reduciríamos** las emisiones.

La estela de carbono **sería** menor si consumiéramos más productos locales.

Los verbos con irregularidades en el futuro presentan las mismas variaciones en el condicional.

Habría menos polución, si usáramos menos hidrocarburos.

Si recicláramos más, **tendríamos** una gestión más eficaz.

«¿**Podría** ser el calentamiento global un término acuñado por oportunistas?»

6-16 Si fueras rector de esta universidad... Prepara una lista de las cosas que harías para aplicar los principios medioambientales en este campus. Luego compara tus respuestas con las de un/a compañero/a, e identifiquen por lo menos cinco cosas en las que estén de acuerdo.

1. _____
   _____
2. _____
   _____
3. _____
   _____
4. _____
   _____
5. _____
   _____

6-17 Para estudiantes en el extranjero. ¿Cómo sería tu vida si hubieras nacido en este país? Prepara un breve ensayo sobre este tema para presentarlo y discutirlo en clase.

C. El imperfecto del subjuntivo

Como vimos anteriormente, al hablar de situaciones hipotéticas con frecuencia hacemos uso de oraciones compuestas. En estas oraciones, el verbo de la frase principal va en el imperfecto del subjuntivo, y el de la subordinada en el condicional.

Si **usáramos** medios de transporte masivo, reduciríamos las emisiones.

La estela de carbono sería menor, si **consumiéramos** más productos locales.

Recuerda que para formar el imperfecto del subjuntivo, debes comenzar con la forma ellos/ellas del pretérito, eliminando la terminación **-ron**, y reemplazándola por las terminaciones invariables del imperfecto del subjuntivo: **(-ar/-er/-ir): -ra, -ras, -ra, -ramos, -rais, -ran.**

Nota: En España, las terminaciones del imperfecto del subjuntivo en el habla formal son **(-ar/-er/-ir): -se, -ses, -se, -semos, -seis, -sen.**

Si **usásemos** medios de transporte masivo, reduciríamos las emisiones.

La estela de carbono sería menor, si **consumiésemos** más productos locales.

6-18 En un mundo perfecto…
Completa las siguientes frases de una manera lógica.

1. Si _____, tendríamos más agua pura.

2. Si _____, reduciríamos las emisiones de CO_2.

3. Si _____, nuestra estela de carbono sería mínima.

4. Si _____, reduciríamos sustancialmente los kilómetros alimentarios.

5. Si _____, aumentaríamos el turismo sostenible.

 6-19 Para estudiantes en el extranjero. ¿Cómo sería su vida si ustedes se mudaran a este país? Con un/a compañero/a, preparen algunas conjeturas.

Modelo: *Si viviera en este país, seguramente que estaría siempre morena con tanto sol. También…*

A. **El futuro perfecto**

El futuro perfecto se usa para predecir o hacer conjeturas sobre sucesos terminados antes del momento actual, o antes de un momento determinado en el futuro.

No he oído de mi novio en todo el día… ¿**Habré** perdido su llamada?

En dos horas, **habremos** terminado este trabajo.

Para formar el futuro perfecto, necesitamos el verbo auxiliar **haber** en el futuro, y el participio pasado del verbo principal.

Haber (futuro)	Participio pasado (-ado/-ido)
habré, habrás, habrá, habremos, habréis, habrán	estudiado leído llegado salido etc.

6-20 **¿Cuál es su futuro?** Proteger el medio ambiente es tarea de todos. El siguiente artículo habla de un futuro hipotético que nosotros debemos evitar. Completa los espacios en blanco con la forma correspondiente en el futuro perfecto.

Imagina esta escena. Dentro de 40 años un niño se levanta de la cama para ir al colegio, pero no puede salir a la calle, porque anuncian una lluvia ácida para esa mañana. ¿Qué (1) _____ (hacer) ese niño para merecer eso? ¿(2) _____ (contaminar) él los ríos, de tal manera que ya no quedará vida alguna en ellos? ¿(3) _____ (talar) él todos los árboles del Amazonas? ¿(4) _____ (ser) responsable de toda la emisión de CO_2 que generan nuestros vehículos? Está en nuestras manos detener el deterioro del medio ambiente. Si no ponemos freno a nuestros excesos, toda la evolución de nuestra especie no (5) _____ (valer) para nada.

6-21 **¿Dónde estarás en veinte años?** Piensa en tus proyectos de futuro y discute con tu compañero/a qué habrás hecho dentro de veinte años. Después, escribe una pequeña redacción con las ideas que tu compañero/a tiene sobre su futuro.

> **Modelo:** *Dentro de veinte años John se habrá casado y habrá vendido más de 200.000 copias de su novela* Viviendo deprisa, *también...*

 B. El condicional compuesto

El condicional compuesto se usa en la cláusula subordinada, para hacer conjeturas o hipótesis sobre el pasado.

> Si Sandra hubiera estudiado, ella **habría** salido bien en su prueba de matemáticas.

> Si hubiéramos llevado un paraguas, no nos **habríamos** mojado.

Para formar el condicional compuesto, necesitamos el verbo auxiliar **haber** en el condicional, y el participio pasado del verbo principal.

Haber (futuro)	Participio pasado (-ado/-ido)
habría	estudiado
habrías	leído
habría	llegado
habríamos	salido
habríais	etc.
habrían	

6-22 Haciendo un mundo mejor. Jaime está muy consciente de los problemas medio ambientales y siempre quiere que sus amigos le ayuden a proteger al medioambiente. Completa las siguientes oraciones utilizando la forma del condicional compuesto.

> **Modelo:** *Si te hubieras duchado en lugar de bañarte en la tina habrías ahorrado mucha agua.*

1. Si hubiéramos apagado el motor del auto en los semáforos...

2. Si hubieras separado la basura en distintos contenedores...

3. Si ese señor no hubiera tirado la colilla del cigarro en el parque...

4. Si hubieras usado una botella metálica...

5. Si hubiéramos comprado un coche eléctrico...

6-23 **¿De quién es la culpa?** Imagina con tu compañero/a que después de llegar de sus vacaciones descubren que los han robado. Cuando la policía viene a investigar el crimen, saca las siguientes conclusiones:

> La ventana estaba abierta.
>
> La alarma estaba desconectada.
>
> El perro estaba dormido.
>
> Los vecinos estaban de vacaciones.
>
> Encontraron un juego de llaves en el contenedor de basura en la calle.

Creen un pequeño diálogo en el cual tú y tu compañero/a discuten quién es el culpable del robo. Pueden utilizar las razones que les dio la policía o crear razones nuevas. Una vez terminado, interpreten el diálogo en clase.

Modelo: E1: *Si hubieras dejado las luces encendidas, habrían pensado que estábamos en casa.*

E2: *Sí, pero si no hubieras publicado nuestro itinerario de viaje en Facebook, nadie habría sabido que estábamos de vacaciones.*

El ritmo y la entonación

Recuerda que para lograr un ritmo y entonación similar al de los hispanohablantes nativos, debes conectar las palabras de acuerdo a las siguientes pautas.

1. Si una palabra termina en consonante y la siguiente palabra comienza por vocal, estas dos palabras deben pronunciarse juntas.

> «En los últimos años hemos adquirido consciencia de nuestra responsabilidad personal para con el medio ambiente».

> «Existen tres ámbitos principales que pueden reducir de manera eficaz el impacto que causamos en la naturaleza y así pasar unas vacaciones ecológicas».

2. La última vocal de una palabra debe combinarse con la primera vocal de la palabra siguiente.

> «Es indiscutible que viviendo en una cabaña de madera en los fiordos noruegos es más fácil controlar el impacto causado en el medio ambiente».

> «El turismo ecológico se ha desarrollado desde el dicho «dejar solo huellas (*footprints*), tomar solo fotos».

3. Si una palabra termina en vocal y la siguiente palabra comienza con la misma vocal, esta debe pronunciarse de manera alargada.

> «Las redes ferroviarias de Europa son extraordinariamente rápidas».

> «Tener unos principios medioambientales puede en realidad aumentar nuestro disfrute».

4. Si la palabra termina en consonante y la siguiente palabra comienza con la misma consonante, esta debe también pronunciarse de manera alargada.

> «Tras su llegada al destino, existe una gran variedad de prácticas ecológicas…»

> «El transporte es tanto uno de los temas principales sobre medio ambiente y ecoturismo:»

5. Recuerda que la entonación sube al final de una pregunta, y que esta baja en el caso de frases afirmativas y negativas.

> «¿Por qué hablamos de ecoturismo? Porque hay que buscar formas sostenibles de desarrollo».

> «¿Hay realmente un problema de calentamiento global? Algunos expertos no están de acuerdo».

> «¿Es que acaso ambientalistas y políticos que van en busca de apoyo económico entusiasman a la opinión pública, utilizando una gran cobertura en los medios de comunicación y ofreciendo perspectivas de terror?»

> «¿Podría ser el calentamiento global un término acuñado por oportunistas?»

e Ahora, en voz alta, practica el ritmo y la entonación de las siguientes frases.

1. ¿Cuál será el efecto a largo plazo de esta intervención humana en la configuración de los gases atmosféricos?

2. Desafortunadamente, no existe una respuesta definitiva a esta pregunta.

3. Sin embargo, los científicos están haciendo esfuerzos por identificar los cambios climáticos que ha experimentado nuestro planeta a lo largo de su historia, para determinar si nuestra intervención es capaz de alterar las condiciones climáticas de la Tierra de una manera irreversible.

Antes de leer

  6-24 **Para discutir.** En parejas, discutan la siguiente pregunta: ¿Cómo demuestran los científicos que una teoría es correcta o incorrecta?

 6-25 **Ampliemos nuestro vocabulario.** Investiga el significado de las siguientes palabras. Asegúrate de poder explicar cada una de ellas con tus propias palabras.

1. la conciencia crítica _____

2. el derroche _____

3. el fraude _____

4. el modelo _____

5. la predicción _____

6-26 **Aplicación.** Crea frases lógicas sobre el **calentamiento global** con las siguientes palabras.

1. el modelo/la predicción

2. la conciencia crítica/el derroche

Nuevas evidencias del origen
humano del calentamiento global

Actualmente hay un intenso debate sobre el verdadero origen del calentamiento global. Siempre se escucha que es culpa del hombre, por el consumo excesivo de energía, etc. Cuando todo el mundo está mirando en una dirección, salir a hablar del «fraude del calentamiento global» hace parecer a algunas personas como los rebeldes de la ciencia, «los escépticos».

Una nueva publicación que saldrá en el *Physical Review Letters* arroja nueva evidencia sobre el efecto de los humanos en el cambio climático. El autor, Pablo F. Verdes de la Academia Heidelberg de Ciencias en Alemania, realizó un sofisticado análisis estadístico sobre la evolución climática basándose en mediciones climáticas de los últimos 150 años.

Verdes tuvo en cuenta factores clave, como la radiación solar y las emisiones de los volcanes. Es sabido que en los últimos años se viene registrando un aumento en la radiación solar, como así también una disminución de las emisiones de los volcanes, lo que conlleva a un aumento de la temperatura terrestre. Sin embargo, solo estos factores no son capaces de explicar todo el aumento de temperatura.

Verdes entonces realizó un gráfico en el que se compara la actividad «no natural» necesaria para alcanzar el nivel de calentamiento medido con la evolución de los gases de efecto invernadero. Dentro de los márgenes de error encontró que la influencia que puede ser atribuida a los gases emitidos por el ser humano prácticamente refleja el factor «no natural» necesario para explicar el calentamiento global.

La investigación muestra que si uno compara la predicción de los modelos teniendo en cuenta factores naturales como la radiación solar, la actividad de los volcanes, etc., con las mediciones sobre el calentamiento global, permanece un agujero. Y la emisión de gases de efecto invernadero y aerosoles completan perfectamente este espacio.

Yo creo que la importancia del calentamiento global es el impulso que le dio a una nueva visión de la humanidad sobre cómo se afecta al entorno en el que se vive, le dio mayor fuerza a la visión humanidad-naturaleza como un todo y no como dos partes discernibles una de otra. Más allá del hecho en sí de que el calentamiento global pueda ser o no causado por el hombre, se generó una conciencia crítica sobre la producción de energía, el derroche y el consumismo desenfrenado. Todo esto no puede ser otra cosa más que positiva. Como decía *Blueman Group* en uno de sus espectáculos: «En caso de catástrofe, dirigirse a las salidas de emergencia; como podrán ver no hay ninguna».

Después de leer

6-27 **Exploremos el texto.**

1. En tus propias palabras, explica la manera como el científico Verdes demostró el factor «no-natural» del calentamiento global.

2. Según el autor, ¿cuáles han sido las consecuencias más positivas del debate sobre el calentamiento global?

Antes de leer

 6-28 **Para discutir.** Discutan en parejas la siguiente pregunta: ¿Qué argumentos has escuchado en contra de la teoría del calentamiento global?

 6-29 **Ampliemos nuestro vocabulario.** Investiga el significado de las siguientes palabras. Asegúrate de poder explicar cada una de ellas en tus propias palabras.

1. desacreditar _____

2. desenmascarar _____

3. la duda _____

4. la opinión pública _____

5. oportunista _____

 6-30 **Aplicación.** Crea frases lógicas sobre el **calentamiento global** con las siguientes palabras.

1. desacreditar/la opinión pública

2. oportunista/desenmascarar

¡El **calentamiento global** no existe!

¿Es que acaso ambientalistas y políticos que van en busca de apoyo económico entusiasman a la opinión pública, utilizando una gran cobertura en los medios de comunicación y ofreciendo perspectivas de terror?

¿Podría ser el calentamiento global un término acuñado por oportunistas? Sí, según Bjorn Lomborg, un antiguo miembro de *Greenpeace* y hoy profesor en la Universidad de negocios de Copenhague. Él ha publicado *El ecologista escéptico: Midiendo el estado real del mundo*, en el cual manifiesta que el calentamiento global no existe; este libro no solo ha sido un éxito de ventas, también ha recibido elogiosas críticas por

parte de *The Economist*, *The Wall Street Journal* y *The Washington Post*, etc.

Este danés tiene una concepción absolutamente diferente con relación a la crisis que vive nuestro planeta a consecuencia del publicitado calentamiento global. Según él, la alarma provocada está originada por la cantidad de negocios que genera este tema y que de acuerdo a las frías y duras estadísticas él interpreta «que el planeta Tierra se encuentra lejos de estar atrapado en una espiral de muerte del medio ambiente, además este se encuentra sorprendentemente bien».

World Wildlife Federation, *World Resources Institute*, revista *Nature*, *Scientific American*, entre otros, han desplegado estas campañas en contra de Lomborg para desacreditar sus dichos, incluso ha sido víctima de agresiones físicas en su contra.

Lomborg ha puesto el dedo en la llaga y no es que las ideas del señor Lomborg no puedan ser discutibles, pero ha desenmascarado a ambientalistas y políticos que en busca de apoyo económico entusiasman a la opinión pública, y utilizan una gran cobertura en los medios de comunicación ofreciendo perspectivas de terror, haciendo simplificaciones, afirmaciones dramáticas y otorgando poca mención de las dudas que los propios científicos pudieran tener, justificando sus acciones en ser más efectivos que honestos.

Después de leer

 6-31 **Exploremos el texto.**

1. ¿Quién es Lomborg? ¿Por qué es importante en el debate sobre el calentamiento global?

2. ¿Cómo explica Lomborg la preocupación actual por el tema del calentamiento global?

3. ¿Por qué califica el autor de «deshonestos» a los ambientalistas que aseguran que el calentamiento global es una realidad?

  4. **Debate.** Dividan la clase en dos grupos (al azar). Cada grupo va a defender una de las posiciones sobre el tema del calentamiento global. Se recomienda hacer investigación adicional para obtener detalles y datos adicionales.

6-32 **Proyecto audiovisual.** Explica un concepto o una teoría, con ejemplos. Tienes cinco minutos para hacerlo.

Después de preparar un borrador de tu presentación, pídele crítica constructiva a un/a compañero/a. Este/a compañero/a va a escuchar y a criticar tu presentación usando la siguiente lista de verificación y rúbrica.

Nota: Los estudiantes en programas de estudio en el extranjero pueden hacer una presentación sobre las ventajas de estudiar en otro país.

Lista de verificación

¿Comenzó su presentación con un preámbulo?	Sí	No
¿Presentó claramente su argumento central?	Sí	No
¿Presentó evidencia para apoyar su argumento central?	Sí	No
¿Terminó su presentación con una conclusión?	Sí	No

Rúbrica

	Excelente	Bien	Aceptable	Deficiente
Calidad de los argumentos				
Organización				
Fluidez				

Después de escuchar las críticas que te ha hecho tu compañero/a, prepara la versión final de tu presentación.

Sustantivos

el agotamiento de los recursos	*resource depletion*	la estela de carbón	*carbon trail*
el agujero	*hole*	la extinción de especies	*extinction of species*
el alojamiento	*lodging*	los gases del efecto invernadero	*greenhouse effect gases*
el ambientalista	*environmentalist*	la gestión eficaz	*effective management*
el aprovechamiento	*exploitation, use*	la huella	*footprint*
el aumento	*increase*	el kilómetro alimentario	*food miles*
el calentamiento global	*global warming*	la medición	*measurement*
la cobertura	*coverage*	el principio medioambiental	*environmental principle*
la contaminación atmosférica	*air pollution*	el reciclaje	*recycling*
la deforestación	*deforestation*	el recurso	*resource*
el derroche	*waste*	la reforestación	*reforestation*
los desechos tóxicos	*toxic waste*	la salida de emergencia	*emergency exit*
la disminución	*reduction*	el turismo sostenible	*sustainable tourism*
el efecto invernadero	*greenhouse effect*		

Verbos

desacreditar	*to discredit*	destruir	*to destroy*
desenmascarar	*to unmask*	otorgar	*to grant*
desplegar	*to unfurl*	perturbar	*to disturb*

Adjetivos

clave	*key*	elogioso/a	*flattering*
desenfrenado/a	*rampant, uncontrollable*	sostenible	*sustainable*
discernible	*discernible, distinguishable*	verdadero/a	*true*

Otras expresiones

poner el dedo en la llaga	*to touch a raw nerve*

Regular Verbs: Simple Tenses

Infinitive Present Participle Past Participle	Indicative					Subjunctive		Imperative
	Present	Imperfect	Preterit	Future	Conditional	Present	Imperfect	Commands
hablar hablando hablado	hablo hablas habla hablamos habláis hablan	hablaba hablabas hablaba hablábamos hablabais hablaban	hablé hablaste habló hablamos hablasteis hablaron	hablaré hablarás hablará hablaremos hablaréis hablarán	hablaría hablarías hablaría hablaríamos hablaríais hablarían	hable hables hable hablemos habléis hablen	hablara hablaras hablara habláramos hablarais hablaran	habla (tú), no hables hable (usted) hablemos hablad (vosotros), no habléis hablen (Uds.)
comer comiendo comido	como comes come comemos coméis comen	comía comías comía comíamos comíais comían	comí comiste comió comimos comisteis comieron	comeré comerás comerá comeremos comeréis comerán	comería comerías comería comeríamos comeríais comerían	coma comas coma comamos comáis coman	comiera comieras comiera comiéramos comierais comieran	come (tú), no comas coma (usted) comamos comed (vosotros), no comáis coman (Uds.)
vivir viviendo vivido	vivo vives vive vivimos vivís viven	vivía vivías vivía vivíamos vivíais vivían	viví viviste vivió vivimos vivisteis vivieron	viviré vivirás vivirá viviremos viviréis vivirán	viviría vivirías viviría viviríamos viviríais vivirían	viva vivas viva vivamos viváis vivan	viviera vivieras viviera viviéramos vivierais vivieran	vive (tú), no vivas viva (usted) vivamos vivid (vosotros), no viváis vivan (Uds.)

Regular Verbs: Perfect Tenses

Indicative										Subjunctive			
Present Perfect		Past Perfect		Preterit Perfect		Future Perfect		Conditional Perfect		Present Perfect		Past Perfect	
he has ha hemos habéis han	hablado comido vivido	había habías había habíamos habíais habían	hablado comido vivido	hube hubiste hubo hubimos hubisteis hubieron	hablado comido vivido	habré habrás habrá habremos habréis habrán	hablado comido vivido	habría habrías habría habríamos habríais habrían	hablado comido vivido	haya hayas haya hayamos hayáis hayan	hablado comido vivido	hubiera hubieras hubiera hubiéramos hubierais hubieran	hablado comido vivido

Irregular Verbs

Infinitive Present Participle Past Participle	Indicative					Subjunctive		Imperative
	Present	Imperfect	Preterit	Future	Conditional	Present	Imperfect	Commands
andar andando andado	ando andas anda andamos andáis andan	andaba andabas andaba andábamos andabais andaban	anduve anduviste anduvo anduvimos anduvisteis anduvieron	andaré andarás andará andaremos andaréis andarán	andaría andarías andaría andaríamos andaríais andarían	ande andes ande andemos andéis anden	anduviera anduvieras anduviera anduviéramos anduvierais anduvieran	anda (tú), no andes ande (usted) andemos andad (vosotros), no andéis anden (Uds.)
caer cayendo caído	caigo caes cae caemos caéis caen	caía caías caía caíamos caíais caían	caí caíste cayó caímos caísteis cayeron	caeré caerás caerá caeremos caeréis caerán	caería caerías caería caeríamos caeríais caerían	caiga caigas caiga caigamos caigáis caigan	cayera cayeras cayera cayéramos cayerais cayeran	cae (tú), no caigas caiga (usted) caigamos caed (vosotros), no caigáis caigan (Uds.)
dar dando dado	doy das da damos dais dan	daba dabas daba dábamos dabais daban	di diste dio dimos disteis dieron	daré darás dará daremos daréis darán	daría darías daría daríamos daríais darían	dé des dé demos deis den	diera dieras diera diéramos dierais dieran	da (tú), no des dé (usted) demos dad (vosotros), no deis den (Uds.)
decir diciendo dicho	digo dices dice decimos decís dicen	decía decías decía decíamos decíais decían	dije dijiste dijo dijimos dijisteis dijeron	diré dirás dirá diremos diréis dirán	diría dirías diría diríamos diríais dirían	diga digas diga digamos digáis digan	dijera dijeras dijera dijéramos dijerais dijeran	di (tú), no digas diga (usted) digamos decid (vosotros), no digáis digan (Uds.)
estar estando estado	estoy estás está estamos estáis están	estaba estabas estaba estábamos estabais estaban	estuve estuviste estuvo estuvimos estuvisteis estuvieron	estaré estarás estará estaremos estaréis estarán	estaría estarías estaría estaríamos estaríais estarían	esté estés esté estemos estéis estén	estuviera estuvieras estuviera estuviéramos estuvierais estuvieran	está (tú), no estés esté (usted) estemos estad (vosotros), no estéis estén (Uds.)
haber habiendo habido	he has ha hemos habéis han	había habías había habíamos habíais habían	hube hubiste hubo hubimos hubisteis hubieron	habré habrás habrá habremos habréis habrán	habría habrías habría habríamos habríais habrían	haya hayas haya hayamos hayáis hayan	hubiera hubieras hubiera hubiéramos hubierais hubieran	

Irregular Verbs *(continued)*

Infinitive Present Participle Past Participle	Indicative					Subjunctive		Imperative
	Present	Imperfect	Preterit	Future	Conditional	Present	Imperfect	Commands
hacer haciendo hecho	hago haces hace hacemos hacéis hacen	hacía hacías hacía hacíamos hacíais hacían	hice hiciste hizo hicimos hicisteis hicieron	haré harás hará haremos haréis harán	haría harías haría haríamos haríais harían	haga hagas haga hagamos hagáis hagan	hiciera hicieras hiciera hiciéramos hicierais hicieran	haz (tú), no hagas haga (usted) hagamos haced (vosotros), no hagáis hagan (Uds.)
ir yendo ido	voy vas va vamos vais van	iba ibas iba íbamos ibais iban	fui fuiste fue fuimos fuisteis fueron	iré irás irá iremos iréis irán	iría irías iría iríamos iríais irían	vaya vayas vaya vayamos vayáis vayan	fuera fueras fuera fuéramos fuerais fueran	ve (tú), no vayas vaya (usted) vamos, no vayamos id (vosotros), no vayáis vayan (Uds.)
oír oyendo oído	oigo oyes oye oímos oís oyen	oía oías oía oíamos oíais oían	oí oíste oyó oímos oísteis oyeron	oiré oirás oirá oiremos oiréis oirán	oiría oirías oiría oiríamos oiríais oirían	oiga oigas oiga oigamos oigáis oigan	oyera oyeras oyera oyéramos oyerais oyeran	oye (tú), no oigas oiga (usted) oigamos oíd (vosotros), no oigáis oigan (Uds.)
poder pudiendo podido	puedo puedes puede podemos podéis pueden	podía podías podía podíamos podíais podían	pude pudiste pudo pudimos pudisteis pudieron	podré podrás podrá podremos podréis podrán	podría podrías podría podríamos podríais podrían	pueda puedas pueda podamos podáis puedan	pudiera pudieras pudiera pudiéramos pudierais pudieran	
poner poniendo puesto	pongo pones pone ponemos ponéis ponen	ponía ponías ponía poníamos poníais ponían	puse pusiste puso pusimos pusisteis pusieron	pondré pondrás pondrá pondremos pondréis pondrán	pondría pondrías pondría pondríamos pondríais pondrían	ponga pongas ponga pongamos pongáis pongan	pusiera pusieras pusiera pusiéramos pusierais pusieran	pon (tú), no pongas ponga (usted) pongamos poned (vosotros), no pongáis pongan (Uds.)
querer queriendo querido	quiero quieres quiere queremos queréis quieren	quería querías quería queríamos queríais querían	quise quisiste quiso quisimos quisisteis quisieron	querré querrás querrá querremos querréis querrán	querría querrías querría querríamos querríais querrían	quiera quieras quiera queramos queráis quieran	quisiera quisieras quisiera quisiéramos quisierais quisieran	quiere (tú), no quieras quiera (usted) queramos quered (vosotros), no queráis quieran (Uds.)

Irregular Verbs *(continued)*

Infinitive Present Participle Past Participle	Indicative					Subjunctive		Imperative
	Present	Imperfect	Preterit	Future	Conditional	Present	Imperfect	Commands

saber
sabiendo
sabido
	sé
	sabes
	sabe
	sabemos
	sabéis
	saben
		sabía
		sabías
		sabía
		sabíamos
		sabíais
		sabían
			supe
			supiste
			supo
			supimos
			supisteis
			supieron
				sabré
				sabrás
				sabrá
				sabremos
				sabréis
				sabrán
					sabría
					sabrías
					sabría
					sabríamos
					sabríais
					sabrían
						sepa
						sepas
						sepa
						sepamos
						sepáis
						sepan
							supiera
							supieras
							supiera
							supiéramos
							supierais
							supieran
								sabe (tú),
								  no sepas
								sepa (usted)
								sepamos
								sabed (vosotros),
								  no sepáis
								sepan (Uds.)

salir
saliendo
salido
	salgo
	sales
	sale
	salimos
	salís
	salen
		salía
		salías
		salía
		salíamos
		salíais
		salían
			salí
			saliste
			salió
			salimos
			salisteis
			salieron
				saldré
				saldrás
				saldrá
				saldremos
				saldréis
				saldrán
					saldría
					saldrías
					saldría
					saldríamos
					saldríais
					saldrían
						salga
						salgas
						salga
						salgamos
						salgáis
						salgan
							saliera
							salieras
							saliera
							saliéramos
							salierais
							salieran
								sal (tú),
								  no salgas
								salga (usted)
								salgamos
								salid (vosotros),
								  no salgáis
								salgan (Uds.)

ser
siendo
sido
	soy
	eres
	es
	somos
	sois
	son
		era
		eras
		era
		éramos
		erais
		eran
			fui
			fuiste
			fue
			fuimos
			fuisteis
			fueron
				seré
				serás
				será
				seremos
				seréis
				serán
					sería
					serías
					sería
					seríamos
					seríais
					serían
						sea
						seas
						sea
						seamos
						seáis
						sean
							fuera
							fueras
							fuera
							fuéramos
							fuerais
							fueran
								sé (tú),
								  no seas
								sea (usted)
								seamos
								sed (vosotros),
								  no seáis
								sean (Uds.)

tener
teniendo
tenido
	tengo
	tienes
	tiene
	tenemos
	tenéis
	tienen
		tenía
		tenías
		tenía
		teníamos
		teníais
		tenían
			tuve
			tuviste
			tuvo
			tuvimos
			tuvisteis
			tuvieron
				tendré
				tendrás
				tendrá
				tendremos
				tendréis
				tendrán
					tendría
					tendrías
					tendría
					tendríamos
					tendríais
					tendrían
						tenga
						tengas
						tenga
						tengamos
						tengáis
						tengan
							tuviera
							tuvieras
							tuviera
							tuviéramos
							tuvierais
							tuvieran
								ten (tú),
								  no tengas
								tenga (usted)
								tengamos
								tened (vosotros),
								  no tengáis
								tengan (Uds.)

traer
trayendo
traído
	traigo
	traes
	trae
	traemos
	traéis
	traen
		traía
		traías
		traía
		traíamos
		traíais
		traían
			traje
			trajiste
			trajo
			trajimos
			trajisteis
			trajeron
				traeré
				traerás
				traerá
				traeremos
				traeréis
				traerán
					traería
					traerías
					traería
					traeríamos
					traeríais
					traerían
						traiga
						traigas
						traiga
						traigamos
						traigáis
						traigan
							trajera
							trajeras
							trajera
							trajéramos
							trajerais
							trajeran
								trae (tú),
								  no traigas
								traiga (usted)
								traigamos
								traed (vosotros),
								  no traigáis
								traigan (Uds.)

Irregular Verbs *(continued)*

Infinitive Present Participle Past Participle	Indicative					Subjunctive		Imperative
	Present	Imperfect	Preterit	Future	Conditional	Present	Imperfect	Commands
venir viniendo venido	vengo vienes viene venimos venís vienen	venía venías venía veníamos veníais venían	vine viniste vino vinimos vinisteis vinieron	vendré vendrás vendrá vendremos vendréis vendrán	vendría vendrías vendría vendríamos vendríais vendrían	venga vengas venga vengamos vengáis vengan	viniera vinieras viniera viniéramos vinierais vinieran	ven (tú), no vengas venga (usted) vengamos venid (vosotros), no vengáis vengan (Uds.)
ver viendo visto	veo ves ve vemos veis ven	veía veías veía veíamos veíais veían	vi viste vio vimos visteis vieron	veré verás verá veremos veréis verán	vería verías vería veríamos veríais verían	vea veas vea veamos veáis vean	viera vieras viera viéramos vierais vieran	ve (tú), no veas vea (usted) veamos ved (vosotros), no veáis vean (Uds.)

Stem-Changing and Orthographic-Changing Verbs

Infinitive Present Participle Past Participle	Indicative					Subjunctive		Imperative
	Present	Imperfect	Preterit	Future	Conditional	Present	Imperfect	Commands
almorzar (ue) (c) almorzando almorzado	almuerzo almuerzas almuerza almorzamos almorzáis almuerzan	almorzaba almorzabas almorzaba almorzábamos almorzabais almorzaban	almorcé almorzaste almorzó almorzamos almorzasteis almorzaron	almorzaré almorzarás almorzará almorzaremos almorzaréis almorzarán	almorzaría almorzarías almorzaría almorzaríamos almorzaríais almorzarían	almuerce almuerces almuerce almorcemos almorcéis almuercen	almorzara almorzaras almorzara almorzáramos almorzarais almorzaran	almuerza (tú), no almuerces almuerce (usted) almorcemos almorzad (vosotros), no almorcéis almuercen (Uds.)
buscar (qu) buscando buscado	busco buscas busca buscamos buscáis buscan	buscaba buscabas buscaba buscábamos buscabais buscaban	busqué buscaste buscó buscamos buscasteis buscaron	buscaré buscarás buscará buscaremos buscaréis buscarán	buscaría buscarías buscaría buscaríamos buscaríais buscarían	busque busques busque busquemos busquéis busquen	buscara buscaras buscara buscáramos buscarais buscaran	busca (tú), no busques busque (usted) busquemos buscad (vosotros), no busquéis busquen (Uds.)

Stem-Changing and Orthographic-Changing Verbs *(continued)*

Infinitive Present Participle Past Participle	Indicative					Subjunctive		Imperative
	Present	Imperfect	Preterit	Future	Conditional	Present	Imperfect	Commands
corregir (i, i) (j) corrigiendo corregido	corrijo corriges corrige corregimos corregís corrigen	corregía corregías corregía corregíamos corregíais corregían	corregí corregiste corrigió corregimos corregisteis corrigieron	corregiré corregirás corregirá corregiremos corregiréis corregirán	corregiría corregirías corregiría corregiríamos corregiríais corregirían	corrija corrijas corrija corrijamos corrijáis corrijan	corrigiera corrigieras corrigiera corrigiéramos corrigierais corrigieran	corrige (tú), no corrijas corrija (usted) corrijamos corregid (vosotros), no corrijáis corrijan (Uds.)
dormir (ue, u) durmiendo dormido	duermo duermes duerme dormimos dormís duermen	dormía dormías dormía dormíamos dormíais dormían	dormí dormiste durmió dormimos dormisteis durmieron	dormiré dormirás dormirá dormiremos dormiréis dormirán	dormiría dormirías dormiría dormiríamos dormiríais dormirían	duerma duermas duerma durmamos durmáis duerman	durmiera durmieras durmiera durmiéramos durmierais durmieran	duerme (tú), no duermas duerma (usted) durmamos dormid (vosotros), no durmáis duerman (Uds.)
incluir (y) incluyendo incluido	incluyo incluyes incluye incluimos incluís incluyen	incluía incluías incluía incluíamos incluíais incluían	incluí incluiste incluyó incluimos incluisteis incluyeron	incluiré incluirás incluirá incluiremos incluiréis incluirán	incluiría incluirías incluiría incluiríamos incluiríais incluirían	incluya incluyas incluya incluyamos incluyáis incluyan	incluyera incluyeras incluyera incluyéramos incluyerais incluyeran	incluye (tú), no incluyas incluya (usted) incluyamos incluid (vosotros), no incluyáis incluyan (Uds.)
llegar (gu) llegando llegado	llego llegas llega llegamos llegáis llegan	llegaba llegabas llegaba llegábamos llegabais llegaban	llegué llegaste llegó llegamos llegasteis llegaron	llegaré llegarás llegará llegaremos llegaréis llegarán	llegaría llegarías llegaría llegaríamos llegaríais llegarían	llegue llegues llegue lleguemos lleguéis lleguen	llegara llegaras llegara llegáramos llegarais llegaran	llega (tú), no llegues llegue (usted) lleguemos llegad (vosotros), no lleguéis lleguen (Uds.)
pedir (i, i) pidiendo pedido	pido pides pide pedimos pedís piden	pedía pedías pedía pedíamos pedíais pedían	pedí pediste pidió pedimos pedisteis pidieron	pediré pedirás pedirá pediremos pediréis pedirán	pediría pedirías pediría pediríamos pediríais pedirían	pida pidas pida pidamos pidáis pidan	pidiera pidieras pidiera pidiéramos pidierais pidieran	pide (tú), no pidas pida (usted) pidamos pedid (vosotros), no pidáis pidan (Uds.)

Stem-Changing and Orthographic-Changing Verbs *(continued)*

Infinitive Present Participle Past Participle	Indicative					Subjunctive		Imperative
	Present	Imperfect	Preterit	Future	Conditional	Present	Imperfect	Commands
pensar (ie) pensando pensado	pienso piensas piensa pensamos pensáis piensan	pensaba pensabas pensaba pensábamos pensabais pensaban	pensé pensaste pensó pensamos pensasteis pensaron	pensaré pensarás pensará pensaremos pensaréis pensarán	pensaría pensarías pensaría pensaríamos pensaríais pensarían	piense pienses piense pensemos penséis piensen	pensara pensaras pensara pensáramos pensarais pensaran	piensa (tú), no pienses piense (usted) pensemos pensad (vosotros), no penséis piensen (Uds.)
producir (zc) (j) produciendo producido	produzco produces produce producimos producís producen	producía producías producía producíamos producíais producían	produje produjiste produjo produjimos produjisteis produjeron	produciré producirás producirá produciremos produciréis producirán	produciría producirías produciría produciríamos produciríais producirían	produzca produzcas produzca produzcamos produzcáis produzcan	produjera produjeras produjera produjéramos produjerais produjeran	produce (tú), no produzcas produzca (usted) produzcamos producid (vosotros), no produzcáis produzcan (Uds.)
reír (i, i) riendo reído	río ríes ríe reímos reís ríen	reía reías reía reíamos reíais reían	reí reíste rió/rio reímos reísteis rieron	reiré reirás reirá reiremos reiréis reirán	reiría reirías reiría reiríamos reiríais reirían	ría rías ría riamos riáis/riais rían	riera rieras riera riéramos rierais rieran	ríe (tú), no rías ría (usted) riamos reíd (vosotros), no riáis/riais rían (Uds.)
seguir (i, i) (ga) siguiendo seguido	sigo sigues sigue seguimos seguís siguen	seguía seguías seguía seguíamos seguíais seguían	seguí seguiste siguió seguimos seguisteis siguieron	seguiré seguirás seguirá seguiremos seguiréis seguirán	seguiría seguirías seguiría seguiríamos seguiríais seguirían	siga sigas siga sigamos sigáis sigan	siguiera siguieras siguiera siguiéramos siguierais siguieran	sigue (tú), no sigas siga (usted) sigamos seguid (vosotros), no sigáis sigan (Uds.)

Stem-Changing and Orthographic-Changing Verbs *(continued)*

Infinitive Present Participle Past Participle	Indicative					Subjunctive		Imperative
	Present	Imperfect	Preterit	Future	Conditional	Present	Imperfect	Commands
sentir (ie, i) sintiendo sentido	siento sientes siente sentimos sentís sienten	sentía sentías sentía sentíamos sentíais sentían	sentí sentiste sintió sentimos sentisteis sintieron	sentiré sentirás sentirá sentiremos sentiréis sentirán	sentiría sentirías sentiría sentiríamos sentiríais sentirían	sienta sientas sienta sintamos sintáis sientan	sintiera sintieras sintiera sintiéramos sintierais sintieran	siente (tú), no sientas sienta (usted) sintamos sentid (vosotros), no sintáis sientan (Uds.)
volver (ue) volviendo vuelto	vuelvo vuelves vuelve volvemos volvéis vuelven	volvía volvías volvía volvíamos volvíais volvían	volví volviste volvió volvimos volvisteis volvieron	volveré volverás volverá volveremos volveréis volverán	volvería volverías volvería volveríamos volveríais volverían	vuelva vuelvas vuelva volvamos volváis vuelvan	volviera volvieras volviera volviéramos volvierais volvieran	vuelve (tú), no vuelvas vuelva (usted) volvamos volved (vosotros), no volváis vuelvan (Uds.)

A

abandono (escolar), el (school) dropout, 5

acceder to enter, 5

acometer to undertake, 5

aferrarse to take hold of, 3

agencia de empleo, la employment agency, 5

agente estresor, el stress agent, 5

agobiado/a overwhelmed, 5

agobiar to overwhelm, 1

agotamiento de los recursos, el resource depletion, 6

agradable pleasant, likeable, 1

agridulce sour, 2

agujero, el hole, 6

alcance, el reach, 4

alegre cheerful, 2

alentado/a spurred on, 2

almacenar to store, 4

Al mal tiempo buena cara. When the going gets tough, the tough get going, 1

alta mar, el high seas, 3

alojamiento, el lodging, 6

a lo sumo at most, 4

amable kind, 2

ambientalista, el environmentalist, 6

ámbito, el realm, 2

amenza, la threat, 5

anillo, el ring, 3

aparato electrónico, el electronic device, gadget, 1

apartarse to separate, to detach oneself, 2

aportar to contribute, 4

apoyo, el support, 5

aprendizaje, el learning, 2

aprovechar to take advantage, 3

aprovechamiento, el exploitation, use, 6

archivo, el file, 4

arcilla clay, 4

asediar to besiege, to pester, 4

aspirador, el vacuum cleaner, 1

aumento, el increase, 6

azar, el fate, chance, 4

B

bajar(se) to download, 4

baño, el bathroom, 1

barrer to sweep, 1

barrera, la wall, barrier, 2

bocina, la speaker, 1

botar a la basura to throw away, 1

botón de encendido, el power button, 4

bromas aparte all jokes aside, 1

buque, el vessel, 3

C

cajero automático, el ATM, 4

calabaza, la pumpkin, 3

calavera, la skull, 3

calentamiento global, el global warming, 6

calvo/a bald, 2

cama individual, la single bed, 1

cariñoso/a loving, 2

castigado/a punished, 2

clave key, important, 6

celos, los jealousy, 5

celoso/a jealous, 5

cesta, la basket, 1

cifra, la figure, 5

coartar to restrict, 5

cobarde coward, 2

cobertura, la coverage, 6

cocina, la kitchen, 1

cómodo/a confortable, 1

comprensivo/a understanding, 2

compromiso, el engagement, 3

computadora, la computer, 4

computadora portátil, la laptop, 4

confiado/a confident, 3

convivencia, la coexistence, living together, 1
cónyuge, el/la spouse, 2
conciencia social, la social awareness, 3
consumidor, el consumer, 2
constar de to consist of, 5
contador/a, el/la bookkeeper, 5
contraseña de seguridad, la security password, 4
contratación, la hiring, 3
control remoto, el remote control, 4
contundente convincing, 5
contaminación atmosférica, la air pollution, 6
convivencia, la coexistence, 3
corajudo/a courageous, 2
corriente, la trend, 2
cuadrado/a squared, 1
cuidadoso/a careful, 2
culto al cuerpo, el body worship, 2
cuenta, la account, 4
cuento de hadas, el fairy tale, 3
cueva, la cave, 3

D

dador/a giver, 2
débil weak, 2
de cuadros checkered, plaid, 1
deforestación, la deforestation, 6
denominar to name, designate, 2
de puntos polka dots, 1
de rayas stripped, 1
derroche, el waste, 6
derrumbamiento, el fall, 2
desacreditar to discredit, 6
desarrollar to develop, 4
desarrollo, el development, 2
descarga, la download, 4
desechos tóxicos, los toxic waste, 6
desempleo, el unemployment, 5
desenfrenado/a rampant, uncontrollable, 6
desgracia, la misfortune, tragedy, 3
desenmascarar to unmask, 6
desgano, el apathy, 5
desparejo uneven, 2
despistado/a absentminded, 2
despedida de soltero, la bachelor party, 3
desplazado/a displaced, replaced, 3

desplegar to unfurl, 6
destruir to destroy, 6
devenir, el change, 4
discernible discernible, distinguishable, 6
disfrutar to enjoy, 1
disco duro, el hard drive, 4
disminución, la reduction, 6
dispositivo, el gadget, 4
dormitorio, el bedroom, 1
dureza, la hardness, 2

E

efecto invernadero, el greenhouse effect, 6
elemento decorativo, el ornament, 1
elogioso/a flattering, 6
emancipación, la coming of age, liberation, 1
emanciparse to become independent, 1
empeorar to get worse, 5
empleo, el job, 3
endeudamiento, el debt, 5
enfadarse to get angry, 5
enganchado/a hooked, 4
enojarse to get angry, 3
en peligro de extinción endangered, 3
entorno, el environment, 5
escritorio, el desk, 1
esfuerzo, el effort, 5
estampado/a patterned, 1
estar a la defensiva to be on the defensive, 5
estela de carbón, la carbon trail, 6
estética, la aesthetic, 2
estrategias cognitivo-conductuales cognitive and behavioral strategies, 5
estrecho/a narrow, tight, 1
estrepitosamente spectacularly, 5
estresaso extreme stress, 5
exigente demanding, 2
extinción de especies, la extinction of species, 6

F

familia anfitriona, la host family, 1
feliz happy, 3
filiación, la paternity, 2
filón, el vein, mine, 2

fomentado/a based, 5
fracaso, el failure, 5
fregona, la mop (Spain), 1
fuente, la source, 4
fuerte strong, 2

G

gases del efecto invernadero, los greenhouse effect gases, 6
generoso/a generous, giver, 2
gestión eficaz, la effective management, 6
gracioso/a funny, charming, 2
gremio, el trade, profession, 5
grosero/a rude, 2
gruñón grumpy, 2

H

hablador/a talkative, 2
hacer clic to click, 4
hacer la limpieza to clean, to do housework, 1
hidratante moisturizing, 2
horno, el oven, 1
huella, la footprint, 6
huir to flee, 5
humo, el smoke, 3
hundirse to sink, 3

I

implantación, la implementation, introduction, 2
incendio, el fire, 3
incertidumbre, la uncertainty, 2
incremento, el increase, 2
independizarse to become independent, 1
índole, la type, 5
infarto, el heart attack, 5
ingresos, los income, 2
involucrarse to get involved, 2
ira, la anger, rage 2
iracundo/a irate, 2
indefensión, la defenselessness, 5

J

juzgado de familia, el family court, 2
juzgar to judge, 5

K

kilómetro alimentario, el food miles, 6

L

lacio straight (hair), 2
languidecer to languish, 4
legar to hand down, pass on, 5
lidiar to fight, 4
limpiar to clean, 1
limpio/a clean, 1
lleno/a full, 1
logro, el achievement, 3
luna de miel, la honeymoon, 3

M

madurez, la maturity, 1
mala prensa, la bad reputation, 5
malhumorado/a grumpy, 2
mancha, la spot, stain, 1
mandar to command, to send, 2
mando, el remote control, 4
mandón/a bossy, 2
matrícula, la tuition, 5
matrimonio, el marriage, 3
mediático media-driven, 2
medición, la measurement, 6
medio ambiente, el environment, 5
medios de comunicación, los mass media, 4
mentira, la lie, 5
mermado/a lessened, 5
mesita de centro, la coffee table, 1
microondas, el microwave oven, 1
miembro titular, el full member, 2
moraleja, la moral of a fable, 3
mostrar to show, 4
mudanza, la move, 3
mueble, el furniture, 1

N

navegador de GPS, el GPS, 4
negocio, el business, 2
nevera, la refrigerator, 1

nido, el nest, 1
niñez, la childhood, 5
notorio/a noteworthy, 4
no haber vuelta atrás no turning back, 2
no va más no more bets, 2
novedad, la novelty, change, 2

O

ordenado/a organized, tidy, 1
ordenador portátil, el laptop (Spain), 4
ordenar to order, to arrange, 1
orgulloso/a proud, 2
oscuro/a dark, gloomy, 1
otorgar to grant, 6

P

pantalla, la screen, 4
panteón, el cemetery, 3
pareja, la couple, 5
paro, el unemployment, 5
pasar el aspirador to vacuum, 1
pasar el día agarrada al trapo to spend the whole day cleaning (Spain), 1
pasar factura to take its toll, 5
pasar la fregona to mop (Spain), 1
patrón de conducta behavioral pattern, 5
paulatinamente gradually, 3
pedir matrimonio to ask in marriage, 5
pelea, la fight, 5
peludo/a hairy, 2
perezoso/a lazy, 2
perfil psicobiológico psychobiological profile, 5
pergaminos, los scrolls, 4
perturbar to disturb, 6
pescador, el fisherman, 3
pintura, la painting, 1
piratería, la piracy, 4
placentero/a pleasurable, 5
placer, el joy, 4
plantear (una alternativa) to propose (an alternative), 5
pochoclo, el popcorn (Arg.), 2
polvo, el dust, 1
poner el dedo en la llaga to touch a raw nerve, 6
poner en riesgo to jeopardize, 5

posadas, las Nine-day celebration around Christmas time (Mex.), 3
prender to turn on (Spain), 4
preocupado/a worried, 3
presumido/a conceited, 2
principio medioambiental, el environmental principle, 6
procesión, la procession, 3
promisorio/a promising, 4
protagónico leading (role), 2
protagonismo, el prominence, importance, 2
prudente prudent, 2
puesto, el position, job, 5
pulsar to press, 4

Q

quejarse to complain, 5

R

ranura para discos, la disc slot, 4
raro/a rare, strange, 2
reciclaje, el recycling, 6
recluido/a reclusive, 4
recluir to confine, limit, 4
recoger to collect, 4
recorrido, el tour, 2
recuerdo, el souvenier, 1
recurrir to resort to, 5
recurso, el resource, 6
red, la Web, 4
redondo/a round, 1
reforestación, la reforestation, 6
rendimiento académico, el academic performance, 4
reproductor de MP3, el MP3 player, 4
rescatar to rescue, 3
reticente reticent, 2
retirar to remove, 4
reto, el challenge, 3

S

salida de emergencia, la emergency exit, 6
salir to leave, exit, 4
salir peor parado/a to be worse off, 5
salvavidas, el life guard, 3

signos vitales, los vital signs, 5
similitud, la similarity, 2
simpático sympathetic, likeable, pleasant, 2
sobrecualificación, la overqualification, 5
sobreviviente, el/la survivor, 3
solicitud, la application, 3
soso insipid, 2
sostén (económico), el (financial) support, 2
sostenible sustainable, 6
subcualificación, la underqualification, 5
sucio/a dirty, filthy, 1
sudar to sweat, 3
suerte, la luck, 3
sufrir to suffer, endure, 2

T

tacaño/a stingy, 2
tala, la logging, 4
tambalear to wobble, stagger, 2
tardar to take (time), 5
teclado, el keyboard, 4
tener cabida to fit, to belong, 4
tener paciencia to have patience, 5
tener que ver to have to do with, 3
terco stubborn, 2
testigo, el witness, 4
tieso rigid, 2

tirar a la basura to throw away (Spain), 1
torpe clumsy, 2
trabajador/a hard-working, 2
trapo, el dust rag (Spain), 1
trastorno, el disruption, upset, 5
travieso/a playful, 2
trepar to climb, 3
tripulante, el member of the crew, 3
trofeo, el trophy, 1
triunfo, el triumph, 3
turismo sostenible, el sustainable tourism, 6

V

vaciar to empty, 1
vacío/a empty, 1
vago/a slacker, 2
valiente brave, 2
valores, los values, 2
vencer to overcome, 3
verdadero/a true, 6
videoconsola, la video console, 4
villancico, el Christmas carol, 3
vínculo, el bond, tie, link, 2
vivienda, la dwelling, 5

Z

zarpar to set sail, 3

Text Credits

Capítulo 1

p. 9: "El diario de Dora" from *Micasa*, n. 212, **p. 44**. Used by permission of Hearst Magazines; **p. 29**: "El nido no se vacía" by Ana Valls from *Magazine Digital*, 11 Sept. 2011. Used by permission of Ana Valls.

Capítulo 2

p. 40: "Metrosexual, el nuevo hombre" by Canal+ estrena el reportaje from Mundoplus.tv, June, 2004. Copyright © 2001–2013 mundoplus.tv. Used by permission of Canal Plus / Prisa TV.; **p. 60**: "La familia del nuevo siglo se aparta de las formas tradicionales" by Mariana Nirino from *La Nación*, 07 May 2001. Copyright © 2001. Used by permission of Mariana Nirino.

Capítulo 3

p. 70: "Tradiciones en peligro de extinción" by Alberto Pérez–Jácome from *El Economista*, 1 Jan. 2009. Used by permission of Periódico El Economista.; **p. 86**: "El naufragio" by Juan C. Pisano from EnCuentos.com. Used by permission of Juan C. Pisano.

Capítulo 4

p. 93: "El impacto de las nuevas tecnologías en la vida cotidiana de los jóvenes" from Observatorio para la CiberSociedad, 2006. © Observatorio para la CiberSociedad, 2006. This material is made available under Creative Commons License 3.0: http://creativecommons.org/licenses/by/3.0/legalcode; **p. 109**: "¿Desaparecerán los libros tradicionales?" by José Antonio Quintero Madrigal from Suite101.net, 8 May 2011. Copyright © 2011 José Antonio Quintero Madrigal. Used by permission of the author's estate.

Capítulo 5

p. 117: "Los ocho grandes problemas que amenazan a los jóvenes españoles" by Juan Francisco Jiménez Jacinto from ForumLibertas.com, 19 Feb. 2010. Used by permission of Amistat 2000, S.L.; **p. 142**: Adapted from "Estados Alterados" by Mariana Nirino from *TXT Revista Textual*, Año 2, Nº 67, 25 June 2004, **pp. 34–36**, published by Capital Intelectual S.A. Copyright © 2004. Used by permission of Mariana Nirino.

Capítulo 6

p. 148: "Vacaciones ecológicas" by Silvia Blanco from *El País*, 1 Sept. 2007. Copyright © 2007 by El País. Used by permission of El País.; **p. 162**: "Nuevas evidencias del origen humano del calentamiento global" by Aquiles J. Carattino from *Sólo Exactas*, 8 Jan. 2007. Used by permission of Aquiles J. Carattino.; **p. 164**: "¡El calentamiento global no existe!" by Christian H. Franulic C. from El Observatodo, 12 May 2007. © 2007 El Observatodo. Used by permission of El Observatodo.

Photo Credits

Capítulo 1

p. 2: Valerijs Kostreckis/Fotolia; **p. 3** (top left): Fuse/Getty Images; **p. 3** (bottom): Kirill Kedrinski/Fotolia; **p. 4** (top): Mike Higginson/Fotolia; **p. 4** (top center): Iriana Shiyan/Fotolia; **p. 4** (bottom center): Elenathewise/Fotolia; **p.** (bottom): Serggod/Fotolia; **p. 5** (left and right): Pearson; **p. 6**: Mihalis A/Fotolia; **p. 7**: Sergey Peterman/Fotolia; **p. 8**: Odua Images/Fotolia; **p. 9**: Tomasz Trojanowski/Fotolia; **p. 10** (top and bottom): Pearson; **p. 13** (top): Kasia Bialasiewicz/Fotolia; **p. 13** (bottom): slavun/Fotolia; **p. 5** (left and right): Pearson; **p. 15**: Kolobrod/Shutterstock; **p. 16**: (left) Iriana Shiyan/Fotolia; **p. 16** (right): robinimages/Fotolia; **p. 17**: Elenathewise/Fotolia; **p. 18**: memendesign/Fotolia; **p. 20** (top left): Andy Rhodes/Fotolia; **p. 20** (bottom